학습컨설팅 시리즈

02

학습전략 프로그램
: 집중전략

Learning Strategies Program: Concentration Strategy

김정섭·강명숙·윤채영·정세영
김지영·김소영·황두경

박영
story

머리말

미래에는 학습이 중심이 되는 시대가 올 것이며, 평생학습이 더 확산될 것이다. 그러나 아직까지 학교현장은 학습보다 교육에, 학생역량보다 교사역량에 더 초점을 두는 것 같다. 가르치는 사람이 교육의 주체라고 여기는 사람들이 여전히 많기 때문이다. 대부분의 사람들은 교사가 잘 가르치면 학생은 잘 배울 것이라고 믿는다. 그래서 많은 교육자들이 학습의 질은 교육의 질을 넘어설 수 없다고 말한다.

그러나 교육의 질과 학습의 질을 동의어로 보아서는 안 된다. 교사의 역량과 상관없이 학생이 자기주도적으로 학습할 때 더 잘 배울 수 있기 때문이다. 교사가 가르치는 역량을 높여야 학습이 잘 이루어진다는 생각은 학생을 지나치게 수동적인 존재로 보는 관점이다. 교사가 어떻게 가르치느냐에 따라 학생의 학습수준이 결정된다고 보기 때문이다.

우리는 이런 관점에서 벗어나 학생의 학습역량을 높이는 것이 무엇보다 중요하고 선결되어야 한다는 관점을 가지고 있다. 학생이 학습으로부터 도망가고 있는데, 교사의 수업역량만 개선하는 것은 문제의 본질을 건드리지 못하고 변죽만 울리는 꼴이다. 교사연수를 통해 교사의 역량을 향상시키려 하였으나 학생의 학습문제가 더 심각해지는 현실을 보면, 교육에 대한 관점의 전환이 필요한 시점임을 알 수 있다. 우리나라 학생들은 대부분 대학진학을 목표로 열심히 공부하면서 학창시절을 보내고, 대학진학 후에도 취업하기 위해 열심히 공부한다. 그러나 많은 대학생은 스스로 학습관리를 해 나가야 하는 학습환경 속에서 당혹감과 상실감을 경험한다. 대학 수업에 적합한 학습전략을 가지고 있지 않을 때 더욱 그렇다. 우리는 학업에 적응하지 못하는 대학생을 연구하며, 이러한 문제를 해결하기 위해 초등학생 및 중학생 때부터 학습전략을 익히고 활용하는 것이 중요하다는 것을 알게 되었다. 여러 해 동안 초등학교와 중학교에 학습전략 프로그램을 적용하며 그 효과를 연구하였고, 많은 연구물과 책을 발간하게 되었다. 그리고 기존의 책들을 정리하여 이 책을 재출간하였다.

특히 아직 스스로 학습하는 방법을 모르는 초등학생과 중학생들에게 이 학습전략 프로그램을 권하고 싶다. 또한 학교나 기타 교육기관도 학생들에게 단지 '열심히 공부하라'고 말하기보다는 이 프로그램을 도입하여 아이들이 진정한 꿈을 찾고 그 꿈을 달성하는 방법을 익히도록 도와주기를 권한다.

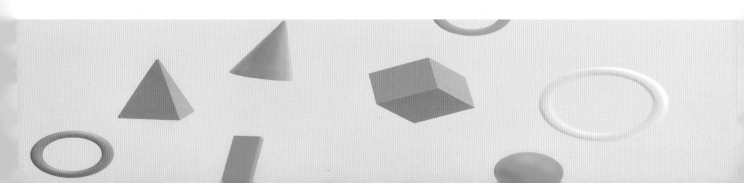

　이 책은 다음과 같이 구성되어 있다. 첫 권은 시간관리에 관한 것이다. 학습의 양은 실제로 학습한 시간에 정비례한다. 학습하기 위해 사용한 시간이 많을수록 배운 것이 더 많다는 것이다. 여기서 중요한 점은 책상에 앉아 있는 시간이 아니라 집중해서 학습한 시간의 양이다. 목표의식을 잃은 아이들은 학습에 집중하지 못하고 왜 학습해야 하는지도 모른다. 따라서 학습은 시간관리부터 시작해야 한다. 이 책의 안내에 따라 교육받은 학생은 자신의 꿈을 찾는 것과 그 꿈을 이루기 위해 시간을 효과적으로 관리하는 방법을 배우게 될 것이다.

　둘째 권의 집중전략 부분에서는 집중이 잘되는 환경을 만들고, 집중력을 높이는 다양한 방법이 소개되어 있다. 이 책에서는 학생들이 자신의 어떤 집중력이 부족한지 파악하고 그것을 극복하는 방법을 배우게 될 것이다.

　셋째 권은 기억전략의 내용을 담고 있다. 아무리 많은 시간 동안 집중해서 공부했더라도 자고 나서 그것을 잊어버린다면 정말 안타까울 것이다. 따라서 배운 것을 잘 기억하는 방법을 익히면 그렇지 않은 학생에 비해 더욱 학업성취도를 높일 수 있을 것이다.

　넷째 권의 읽기전략 부분에서는 사칙연산이라는 신선한 접근법을 통하여 읽기전략을 쉽게 가르치고 배울 수 있다. 특히 대부분의 학생들이 어려워하는 추론하면서 읽기 부분을 세분화하여 단계별로 학습할 수 있도록 구성하였다.

　다섯째 권의 시험관리는 평소 공부습관과 시험에 대한 태도부터 시험 직전까지의 준비와 실제 시험상황 그리고 시험 후의 분석까지 체계적으로 알려주고 있다. 또 시험불안에 대한 정도를 알아보고 이를 극복할 수 있는 방안까지 제시하고 있어서 시험에 대한 걱정이 많은 학생들에게 도움이 될 것이다.

　이 다섯 가지의 학습전략 프로그램은 학습컨설턴트나 교사가 학생들에게 쉽게 전달할 수 있도록 수업지도안 형태로 구성되었으므로, 전문가가 학생들에게 쉽게 전달할 수 있는데 조금이나마 도움이 되리라 믿어 의심치 않는다. 많은 이들이 사용해보고 피드백을 연구진에게 전해 준다면, 점차 더 좋은 책으로 발전되리라 확신한다.

　OECD 국가 중 행복지수에서 우리나라가 항상 하위권에 머무르고 있다. 더구나 학생들의 행복지수는 거의 꼴등에 가까운 것이 현실이다. 따라서 이 책을 통해 많은 아이들이 학습에 있어서 진정한 행복을 느낄 수 있기를 진심으로 바라는 바이다. 끝으로 이 연구결과물이 나올 수 있게 도움을 주신 많은 분들께 감사의 말을 전한다.

저자를 대표하여　김 정 섭

목 차

학습전략 프로그램 안내

1. 개요

 학습전략 프로그램은 학교기반 학습컨설팅 과정(윤채영, 김정섭, 2015)에 따라 초등학교와 중학교에 적용했던 현장연구를 기반으로 수정·보완한 것이다. 본 프로그램은 진단에 근거하여 학생들의 특성에 맞게 맞춤형으로 적용되었고, 학교마다 학생들의 다양한 학습전략 수준과 학습문제 유형 및 특성에 따라 다르게 구성된 프로그램이 적용되었다. 예를 들어, A초등학교에서는 읽기와 시간관리를 주로 다루는 프로그램이 운영되었고, B초등학교에서는 학생들의 진단결과와 담당교사의 요청에 따라 시간관리 프로그램만 운영되었다. C초등학교에서는 집중력과 기억력을 주로 다루는 프로그램, D와 E초등학교에서는 전반적인 학습전략의 이해를 안내하는 방식의 프로그램이 운영되었다. 또한 F중학교에서는 학습부진학생들을 대상으로 방과후 수업에 처치 목적으로 운영되었고, G중학교에서는 학급단위 전체 학생들을 대상으로 창의적 체험활동 수업에 예방 목적으로 운영되기도 하였다.

 본 연구팀이 학교현장에 프로그램을 적용해 본 경험으로 알게 된 것은,

 첫째, 학교에서 연구팀에 의뢰하는 학생들은 대다수 학습습관이 형성되지 않아 학습부진이 발생한 학생들이었다. 이들은 전반적으로 학습전략에 대한 이해와 실천이 부족하므로 이 두 가지를 병행하는 프로그램을 제공할 필요가 있었다. 또한 몇 가지 활동으로만 흥미를 주는 기존 학습전략 프로그램으로는 이러한 학생들의 학습습관을 변화시키기가 어려웠다. 학습전략 프로그램을 방과후 수업이나 창의적 체험활동 시간을 통해 한 주에 한 번씩 운영하여 학습습관의 지속성을 높이고, 그 내용을 다른 교과 담당교사나 교과보충 담당교사에게 전달하여 교과학습에서 학습전략을 사용할 수 있는 기회를 제공할 필요가 있었다.

 둘째, 학업성취 수준이 낮은 학생들은 크게 두 가지 유형으로 나누어졌다. 먼저 학습문제가 쉽게 관찰되는 유형은 행동의 문제를 가진 학생들이었다. 이 학생들은 시간관리나 주변 환경관리가 잘 안되고, 주의력 부족으로 인해 학습저해행동을 자주 했다. 반면 학습문제가 잘 드러나지 않는 유형은 인지적 문제를 가진 학생들이었다. 성실하고 과제수행에 지체가 없으며 수업저

해행동을 하지 않는 착실한 학생이지만, 글 이해나 기억력 수준이 낮은 학생들이었다. 즉, 학습행동의 변화를 필요로 하는 학생과 인지적 학습활동에 대한 처치가 요구되는 학생으로 구분되었다.

셋째, 학업성취수준이 낮은 학생은 지나치게 자신을 과대평가하거나 과소평가하는 경향을 보였다. 이로 인해 자신에 대한 인식이 정확하지 않아 자기보고식 진단검사 외에도 교사의 관찰이나 학생의 실제 수행능력을 분석하여 학습문제를 진단하는 것이 필요하였다. 또한 자기평가와 자기점검의 능력을 향상시키기 위해 초인지 전략을 훈련시킬 필요가 있었다.

넷째, 학습전략 사용수준은 학년에 따라 구별되는 것이 아니었다. 초등학생이라 하더라도 학습전략 사용수준이 최상인 학생이 있는 반면, 중학생인데도 학습전략 사용수준이 낮은 학생들이 많았다. 따라서 학생의 학습전략 사용수준을 파악하여 그에 맞는 처치를 할 수 있도록 기초수준부터 심화수준까지 수준별 프로그램을 제작할 필요가 있었다.

다섯째, 공부를 많이 하지만 학업성적이 낮은 학생들은 기초 기억전략(시연, 정교화 전략, 조직화 전략, 파지 및 회상 등)을 잘 사용하지 못했다. 이에 따라 기존 학습전략 프로그램과 같이 집중력이나 기억력을 한두 차시 다루고 넘어가는 것이 아니라, 각 주요 전략들을 집중적으로 다루어 한 영역의 전략들을 학생들이 충분히 이해하고 연습할 수 있도록 구체적인 단계로 나눌 필요가 있다는 것을 알 수 있었다.

마지막으로, 학습전략 프로그램은 집단에 따라 다양하게 구성되었다. 학습전략 프로그램의 목적과 대상 학생의 특성에 따라 학급, 소집단, 개별 단위로 운영될 필요가 있었다.

이런 인식을 토대로 개발한 학습전략 프로그램은,

구체적인 학습전략을 이해하는 활동과 연습하여 익힐 수 있는 실천 활동을 포함한다. 학습전략 프로그램은 학습전략 사용수준에 따라 여러 단계와 내용으로 나누어진 학습모듈 형태이다. 각 모듈은 20분 단위로 제작되었으며, 학생의 수준에 따라 하나 혹은 여러 개의 모듈을 조합하여 사용할 수 있다. 이에 따라 교사나 학습컨설턴트는 참여하는 대상에 맞춰 프로그램을 재구성할 수 있다.

2. 학습전략 프로그램 내용

가. 프로그램의 특징

▌ 학습전략 프로그램은 학습전략 사용수준이 낮은 학생부터 학습전략을 어느 정도 사용하는 학생까지 적용대상을 확대할 수 있도록 전반적인 학습전략을 다루고 있다. 프로그램은 학습전략사용의 수준의 따라 낮은 단계부터 높은 단계의 모듈로 구성되어 있어 어느 수준에 있는 학생이든 그 수준에 맞는 모듈을 취사선택할 수 있도록 되어 있다.

▌ 학습전략 프로그램은 학습전략의 이해 → 실천 → 점검의 과정으로 구성되어 있다. 학생은 학습전략을 사용하는 이유를 먼저 이해하고, 그 이해를 바탕으로 학습전략을 충분히 연습한 후, 학습전략 수준을 스스로 평가하는 과정을 거친다.

▌ 학습전략 프로그램은 학습전략 사용수준이 낮은 학생도 기초 전략부터 순차적으로 익힐 수 있도록 구성되어 있다.

▌ 학습전략 프로그램은 교사나 학습컨설턴트가 프로그램을 구성할 때 목적과 대상에 맞게 예방적 접근과 처치적 접근, 집단과 1:1 개별 적용이 모두 가능하다.

나. 프로그램 내용 모형

본 프로그램은 집중력관리, 학습동기관리, 기억력관리, 시간관리 및 목표설정의 기본 학습전략과 수업관리, 시험관리, 과제관리의 학습상황에서 사용되는 보조 학습전략으로 구성되어 있다.

본 프로그램에서는 학생의 학습습관을 형성하고 동기를 부여하는 목표설정과 시간관리, 과제관리를 하나로 묶어 1) 시간관리 프로그램을 개발하였고, 학업성취가 저조한 주요 원인을 해결하는 동시에 학습의 근간이 되는 2) 집중전략 프로그램과 3) 기억전략 프로그램, 그리고 학습자료 파악에 핵심능력이 되는 4) 읽기전략 프로그램을 포함하였다. 마지막으로 학습에 투여된 노력이 성과로 나타나기 위해서는 시험을 준비하는 방법에 대한 이해와 연습이 필요하다는 연구자들의 현장경험을 반영해 5) 시험관리 프로그램을 포함시켰다. 수업관리는 집중전략과 기억전략의 4단계에 포함하였다. 이에 본 학습전략 프로그램은 5개 영역(① 시간관리, ② 집중전략, ③ 기억전략, ④ 읽기전략, ⑤ 시험관리) 으로 구성되었다.

촉진기술인 관찰, 칭찬, 성찰은 교사나 학습컨설턴트가 프로그램을 진행하거나 전문성을 함양하는데 요구되는 기술이다. 먼저, 관찰은 교사나 학습컨설턴트가 학생들이 학습상황에서 보이는 특성이나 문제를 파악하고, 학생의 변화를 면밀히 살핀 후 적절한 처치를 하는데 필요하다. 그리고 학생들의 약점보다는 강점을 칭찬하여 강점을 중심으로 성장해 나갈 수 있도록 하는 것을 지도 목표로 삼아야 할 것이다. 마지막으로 성찰은 프로그램 운영 후 수업방법, 학생과의 상호작용 등을 성찰하여 다음 프로그램을 개선시켜 나가야 한다.

본 프로그램을 운영하는 교사나 학습컨설턴트는 목표설정, 시간관리, 집중전략, 기억전략, 읽기전략과 같은 기본적 학습전략을 익혀 수업이나 시험, 과제 수행 등 특정상황에 적절한 학습전략을 사용할 수 있도록 학생을 지도해야 한다. 그리고 그 지도 과정에 관찰, 칭찬, 성찰의 촉진기술을 사용하여 학생들과 긍정적으로 상호작용하며 프로그램 운영과정을 적절히 변화시켜 나갈 수 있는 전문성을 겸비해야 한다.

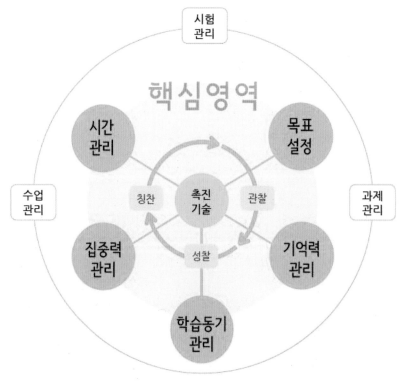

[그림 1] 자기주도적 학습역량강화

다. 프로그램 모듈 구성 모형

과정 \ 단계		전략 수준의 단계			
		1단계	2단계	3단계	4단계
전략 습 득 과 정	이해				
	실천				
	점검				

　학습전략 사용에 결손을 가진 학생이 학습전략을 효과적으로 익히는 과정은 이해 → 실천 → 점검이다. 학습전략 습득과정은 학습전략에 대해 이해하고, 실제 연습해 보면서 전략을 제대로 사용한 것인지 점검을 통해 자신에게 맞는 학습전략을 익히는 것이다.

　학습전략 프로그램은 학습전략 수준이나 과정에 따라 단계별로 되어 있다. 집중전략, 기억전략, 읽기전략 영역은 1~4·5단계로 나눠 있다. 하위 수준인 1단계에서 점차 수준이 높아지도록 되어 있고, 마지막 단계에서는 학습상황에 맞게 앞서 배운 전략을 종합하여 적용해 보도록 되어 있다. 시간관리와 시험관리는 단계를 수준이 아니라, 절차적 과정으로 나눠 1단계에서 4단계까지 진행되면서 일련의 시간관리나 시험관리 과정과 전략을 익히도록 되어 있다.

라. 프로그램의 영역별 모듈 구성

1) 시간관리

영역	주제에 따른 모듈	단계			
		1단계	2단계	3단계	4단계
시간관리	주제	꿈 찾기 〈진로〉	꿈을 위한 준비하기 〈시간계획〉	꿈으로 가는 시간 만들기 〈시간의 중요성 인식〉	꿈을 향해 나아가기 〈시간계획의 실천〉
	모듈 1	[이해] 나는 미래에 어떤 모습일까?	[이해] 꿈을 이루려면 무엇을 해야 할까?	[이해] 시간관리는 왜 중요할까?	[이해] 시간 낚시하기
	모듈 2	[이해] 꿈 주령구 만들기	[이해] 꿈을 이루기 위한 일주일 계획 세우기	[이해] 꿈을 이룬 위인들의 시간관리 엿보기	[이해] 시간 매트릭스
	모듈 3	[이해] 다양한 직업 알기	[이해] 꿈으로 가는 하루 3시간+ 계획표 작성하기	[이해] 시간개념 알아보기	[실천 및 점검] 시간 사용 점검하기
	모듈 4	[이해] 꿈 나무 만들기 (모둠활동)		[이해] 나의 하루 살펴보기	[실천 및 점검] 미루기 극복하기
	모듈 5	[이해] 꿈 지도 만들기 (개별활동)			

2) 집중력

영역	단계 주제에 따른 모듈	단계			
		1단계	2단계	3단계	4단계
집중력	주제	집중이 잘되는 환경 만들기 〈환경관리〉	청각적 주의집중력 〈기초수준의 집중력 훈련〉	시각적 주의집중력 〈기초수준의 집중력 훈련〉	학습 주의집중력 〈심화수준의 집중력 훈련〉
	모듈 1	[이해] 집중력이란 무엇일까?	[이해] 청각적 주의집중력이란 무엇일까?	[이해] 시각적 주의집중력이란 무엇일까?	[이해] 수업에서 주의집중력 관리하기
	모듈 2	[이해] 나의 공부환경 알아보기	[연습활동] - 2.2. 동요 듣고 가사 따라 그리 기 - 2.3. 오른손, 왼 손 게임, 숫자 더 하기 게임하기 - 2.4. 듣고 기억 하기 - 2.5. 모눈종이 그리기 - 2.6. 귓속말 전 달하기 - 2.7. 이야기 듣 고 답하기	[연습활동] - 3.2. 서로 다른 부분 찾기 - 3.3. 숨은 글자 찾기 - 3.4. 숨은 그림 찾기 - 3.5. 거울 그림 그리기 - 3.6. 패턴 인식 하기 · 패턴 기 억하기 - 3.7. 이야기 읽 고 답하기	[연습활동] 집중해서 읽은 내용 정리하기
	모듈 3	[이해] 집중이 잘 되는 환경 만들기			[연습활동] 집중해서 보고 들은 내용 정리하기
	모듈 4	[이해] 집중이 잘 되는 마음가짐			[실천 및 점검] 학습 주의집중력 점검하기
	모듈 5	[실천 및 점검] 집중 환경 점검하기	[실천 및 점검] 2.8. 청각적 주의집중력 점검하기	[실천 및 점검] 3.8. 시각적 주의집중력 점검하기	

3) 기억력

영역	주제에 따른 모듈	단계			
		1단계	2단계	3단계	4단계
시간 관리	주제	기억의 과정과 작업기억전략	기초 장기기억전략	심화 장기기억전략	수업장면에서 기억력 관리
	모듈 1	[이해] 기억력이란 무엇일까?	[이해] 끼리끼리 모아서 외우기	[이해] 이야기 만들어 외우기	[실천 및 점검] 수업장면에서 기억력 관리
	모듈 2	[연습활동] 작업기억력 높이기	[이해] 첫 글자만 모아서 외우기	[이해] 표 만들어 외우기	
	모듈 3	[연습활동] 보고보고 또 보면서 외우기	[이해] 머릿속에 그려서 외우기	[이해] 서로서로 연결해서 외우기	
	모듈 4	[연습활동] 싹둑싹둑 잘라서 외우기			

4) 읽기전략

영역	주제에 따른 모듈	단계				
		1단계	2단계	3단계	4단계	5단계
시간 관리	주제	글의 의미대로 나누기 〈읽기의 사칙연산; 나눗셈(÷)〉	글의 의미에 맞게 연결하기 〈읽기의 사칙연산; 덧셈(+)〉	글의 핵심의미만 오려내기 〈읽기의 사칙연산; 뺄셈(−)〉	글의 행간의미 배가하기 〈읽기의 사칙연산; 곱셈(×)〉	글 읽기의 실제 〈읽기 전·중·후 전략 익히기〉
	모듈 1	[이해] 글이란 무엇이고, 어떻게 구성되어 있을까?	[이해] 글은 어떻게 연결되어 있을까?	[이해] 글에서 중요한 내용은 무엇일까?	[이해] 숨은 의미를 어떻게 찾을까?	[이해] 글을 읽기 전, 무엇을 해야 할까?
	모듈 2	[연습활동 1수준] 문장을 의미중심으로 나누기	[연습활동] 문장 연결하기	[연습활동 1수준] 제목, 중심내용, 세부내용 구분하기	[연습활동 1수준] 숨은 의미 찾기	[연습] 글 이해 전략 익히기
	모듈 3	[연습활동 2수준] 문단을 의미중심으로 나누기	[연습활동] 문장 이어주는 말 찾기	[연습활동 2수준] 제목, 중심내용, 세부내용 연결하기	[연습활동 2수준] 숨은 의미 상상하기	[실천 및 점검] 글 이해 전략 실천하기
	모듈 4	[실천 및 점검] 읽기의 나눗셈 실천하기		[연습활동 3수준] 제목, 중심내용, 세부내용 구분하고 요약하기		

5) 시험관리

영역	단계 주제에 따른 모듈	단계			
		1단계	2단계	3단계	4단계
집중력	주제	시험준비 방법 알기	시험준비 시작하기 〈행동 조절〉	시험불안 극복하기 〈정서조절〉	시험치기 전략 알기 〈인지조절〉
	모듈 1	[이해] 시험관리란 무엇일까?	[이해] 목표점수는 어떻게 정할까?	[이해] 시험불안이란 무엇일까?	[이해] 시험치기 전략이란 무엇일까?
	모듈 2	[이해] 공부습관 알아보기	[이해] 시험범위 확인과 시험공부 방법 정하기	[이해] 시험불안 수준 알아보기	[실천] 시험치기 전략 활용하기
	모듈 3	[이해] 시험준비 방법 알아보기	[이해] 공부시간 계산하기	[이해] 시험불안 극복 방법 1	[점검] 시험결과 분석하기
	모듈 4		[이해] 시험계획 세우기	[이해] 시험불안 극복 방법 2	[점검] 오답노트 작성하기
	모듈 5				[점검] 시험 후 다짐하기

마. 프로그램 활용자료

1) 수록된 수업 자료

본 프로그램은 교사나 학습컨설턴트가 바로 활용할 수 있는 수업자료가 함께 제공된다. 제공되는 자료는 수업지도안 및 교사용 활동지, 수업용 파워포인트 자료가 첨부되어 있다. 단, 답안이 표시되지 않은 학생용 활동지는 학생들이 학생용 워크북을 구입하여 사용하도록 하고 있다.

◦ 수업 지도안 및 교사용 활동지
◦ 수업용 파워포인트(PPT) 자료

2) 기타 준비물(권장사항)

기타 준비물로 모둠활동에 필요한 준비 자료가 수업용 지도안에 상세히 표기되어 있다. 수업 전에 지도안을 꼼꼼히 확인하여 명시된 모둠 준비물(예: 도화지, 색연필, 종, 주사위 등)을 미리 준비해 두는 것이 좋다. 학생들의 동기부여를 위해 외적 보상인 스티커나 사탕, 혹은 가벼운 상품 등을 준비할 수 있다.

◦ 모둠활동 준비물
◦ 간단한 강화물

3. 학습전략 프로그램 활용방법

학습전략 프로그램에는 학습전략의 5개 영역(시간관리, 집중력, 기억력, 읽기, 시험관리)이 학습전략의 습득과정과 단계에 따른 모듈로 제시되어 있다. 단계별 모듈구성의 장점은 교사나 학습컨설턴트가 관찰이나 심리검사 결과로 알게 된 학생의 문제를 해결하기 위한 프로그램을 할애된 시간에 맞게 구성해서 사용할 수 있는 것이다. 예를 들어 수업시간에 끊임없이 수업저해 행동을 하고 교사의 지시사항을 잘 숙지하지 못하며, 가정에서 과제도 해오지 않는 학생이 있다면 집중전략과 시간관리 프로그램을 학습전략사용 수준에 맞게 구성해서 사용할 수 있다. 프로그램 운영 시간이 충분하지 않은 상황이라면, 집중전략과 시간관리 모듈 중 학생에게 꼭 필요한 모듈만 선별해 자습시간이나 방과후 보충학습시간에 10 – 20분간 지도해 볼 수도 있다. 또는 학생이 수업 시간에 태도가 좋으며 계획한 대로 학습을 하고 과제도 성실히 잘하지만 학습부진을 겪고 있다면, 읽기전략이나 기억전략 프로그램을 적용해 학습의 인지적 측면을 충분히 사용하도록 지도한다. 이로써 내재적인 학습이 일어나고 그것이 학업성취로 이어지는 재미를 맛보는 경험을 해보도록 한다.

지금까지 본 연구팀의 프로그램 운영 경험에 따르면,

초등학생은 학습전략을 구체적으로 배운 경험이 많지 않고 아직 학습량이 많지 않으며 어려운 과제에 대한 부담이 크지 않아 시간적 여유가 있기 때문에, 여러 영역의 학습전략을 쭉 훑듯 한꺼번에 가르치는 것보다 한 학기에 한 영역씩 순차적으로 배워나가는 것이 더 효과적이다(예, 4학년 1학기; 시간관리 → 4학년 2학기; 집중력전략 → 5학년 1학기: 기억력전략 → 5학년 2학기: 읽기전략 → 6학년 1학기: 시험관리). 학습전략을 배우기 시작하는 좋은 시점에 대해 교사나 학습컨설턴트에 따라 생각이 다르겠지만, 본 연구팀은 가능한 초등학교 4학년 이후에 일찍 접하는 것이 좋다는 생각이다. 본 학습전략 프로그램은 초등 4학년부터 배울 수 있는 수준으로 되어 있다. 다만 초등 4학년 학생들에게는 집중력전략과 기억력전략, 시간관리와 같은 학습전략의 기본이자 핵심인 전략을 먼저 지도하도록 추천한다.

프로그램의 운영 목적에 따라 예방적 차원의 접근이라면 앞서 제시한 초등학생의 예시처럼 영역 순서대로 순차적으로 운영하는 것이 바람직할 것으로 생각된다. 하지만 처방적 차원의 접근으로 학생의 특성과 문제점을 정확히 파악하고 있다면 프로그램 모듈을 교사가 선별하여 학생의 학습문제 해결을 위한 단기적 처치를 제공하는 것이 최선일 것이다.

가. 학습전략 프로그램의 학습모듈

학습모듈이란 학습교재 또는 학습교재 개발을 위한 기초자료이다(최동선 외, 2014). 학습모듈은 잘 정의된 프로그램의 전체 구성의 일부분으로, 모듈은 여러 프로그램 구성자에 의해 나눠질 수 있으며 모듈이 서로 모여 하나의 완전한 프로그램이 만들어질 수 있다. 즉, 자율적이고 독립적인 학습단위로써 학습모듈을 생각할 수 있다(Finch & Crunkilton, 1999). 모듈이 어떻게 체계적이고 논리적인 흐름으로 구성되느냐는 그 체계와 논리를 구성하는 사람에 따라 달라질 수 있다.

본 학습전략 프로그램은 시간관리 16개, 집중력전략 25개, 기억력전략 11개, 읽기전략 17개, 시험관리 16개 총 85개 학습모듈로 구성되어 있다. 학습전략 프로그램의 학습모듈은 어떤 프로그램 구성자가 어떤 목적으로 어떤 대상을 위해 모듈을 어떻게 구성하느냐에 따라 모두 다른 학습프로그램으로 완성될 수 있는 구조이다. 이런 학습모듈단위로 학습전략 프로그램이 구성됨으로써 맞춤형 학습전략 프로그램의 구성이 가능하다.

구분	시간관리			
	1단계	2단계	3단계	4단계
이해	모듈 1-1	모듈 2-1	모듈 3-1	모듈 4-1
이해	모듈 1-2	모듈 2-2	모듈 3-2	모듈 4-2
이해, 실천	모듈 1-3	모듈 2-3	모듈 3-3	모듈 4-3
실천	모듈 1-4		모듈 3-4	모듈 4-4
실천, 점검	모듈 1-5			

구분	집중력			
	1단계	2단계	3단계	4단계
이해	모듈 1-1	모듈 2-1	모듈 3-1	모듈 4-1
이해, 실천	모듈 1-2	모듈 2-2	모듈 3-2	모듈 4-2
실천	모듈 1-3	모듈 2-3	모듈 3-3	모듈 4-3
실천	모듈 1-4	모듈 2-4	모듈 3-4	모듈 4-4
실천, 점검	모듈 1-5	모듈 2-5	모듈 3-5	

▼   ▼

맞춤형 학습전략프로그램

시간관리 모듈 1-1	시간관리 모듈 1-2, 3		집중력 모듈 1-2	집중력 모듈 2-1, 2
시간관리 모듈 2-1	시간관리 모듈 3-1	▶	집중력 모듈 3-1, 2, 3	집중력 모듈 4-1

▼

기억력 모듈 1-1, 2	기억력 모듈 2-1, 2, 3
기억력 모듈 3-1	기억력 모듈 4-1

◀

▲

구분	기억력			
	1단계	2단계	3단계	4단계
이해	모듈 1-1	모듈 2-1	모듈 3-1	모듈 4-1
이해, 실천	모듈 1-2	모듈 2-2	모듈 3-2	
실천	모듈 1-3	모듈 2-3	모듈 3-3	
실천	모듈 1-4			

[그림 2] 학습모듈단위 맞춤형 학습전략프로그램 구성 방법

나. 맞춤형 학습전략 프로그램 설계 및 운영방법

1) 진단
◦ 심리검사 실시
◦ 학생 관찰 및 면담 실시
◦ 학생의 기존 학습수행내용 분석
◦ 진단결과 분석
◦ 문제정의

▶

2) 프로그램 설계
◦ 문제해결방향과 목표설정
◦ 문제해결을 위한 학습전략 주제 선정
◦ 문제해결 수준에 맞는 학습모듈 선정
◦ 처치프로그램 설계

▲ ▼

4) 종결
◦ 문제해결 및 개선정도 평가
◦ 프로그램의 목표 부합성 평가
◦ 학생만족도 평가

◀

3) 프로그램 운영
◦ 처치프로그램 운영
◦ 학생 반응 관찰 및 면담
◦ 프로그램의 문제해결 적절성 여부 점검
  (학생의 변화 관찰 및 운영 성찰)

1) 진단

진단은 표준화된 자기보고식 학습전략검사를 주로 사용한다. 자기 능력에 대한 인식 수준이 높은 학생일 경우에는 자기보고식 검사의 실시만으로도 신뢰 높은 검사결과를 얻을 수 있다. 하지만 자신의 문제를 정확히 인식하지 못하는 학생을 진단할 때는 학생 관찰 및 면담, 또는 기존 학습수행내용을 함께 검토하거나 수행과제를 제시하여 실제 능력을 확인하는 방법을 병행해야 할 것이다. 진단 후 결과를 분석하여 학습전략에 있어 최우선적인 문제를 정의내린다.

[진단 예시] **개별 학생 사례**

◦ 대　상: 중2 학습부진 학생
◦ 검사지: 학습전략사용능력 진단검사

① 수검된 문항 내용

방과 후 비계획적인 시간 사용 (시간관리)

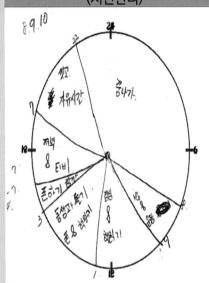

글의 문단 구분 안 됨 (읽기)

2. 글을 3문단으로 나누어 보세요.

> 태양계 초기에 지구와 같은 행성의 일부가 되지 못한 소행성의 파편들이 떠돌아다니게 되는데 이를 유성체라고 한다. 지구가 태양 주위를 공전하고 있을 때 지구로 끌려 들어온 유성체는 지구대기와의 마찰로 가열되어 빛나는 유성이 된다. 대부분의 유성체는 상공에서 모두 타서 사라지나 큰 유성체는 그 잔해가 지표면까지 도달하는데, 이것이 운석이다. 운석은 구성 성분에 따라 석질운석, 철질운석, 석철질운석으로 나눌 수 있다. 석질운석은 주로 규산염 광물로 이루어진 운석이고, 철질운석은 철과 니켈의 합금으로 이루어진 운석이며, 석철질운석은 규산염 성분과 철질 성분이 섞여있는 운석이다. 운석은 대기권을 진입하면서 고온에 노출되어 검은 빛의 외관을 가지며, 종류에 따라 독특한 내부구조가 나타나기도 한다. 운석 중에서 가장 많은 부분을 차지하고 있는 석질운석은 콘드라이트와 어콘드라이트의 종류로 구분되는데 이 중 콘드라이트에서는 우주공간에서 녹았던 암석이 둥근 구슬 모양으로 식은 콘드롤 구조가 나타난다. 철질운석에서는 빗살모양의 비드만스테튼 무늬 구조가 나타나며, 석철질 운석에서는 석질과 철질이 섞여 아름다운 팔라사이트 구조가 나타난다.

청킹 전혀 안됨 (기억력)

2. 다음의 내용을 외우기 쉽게 끊어 보세요.

예) 0518651225 → 051/865/1225

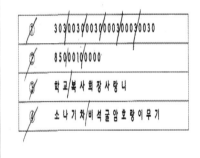

① 303003000300003000030030

② 85000100000

③ 학교/복사회장사랑니

④ 소나기차/비석굴암호랑이무기

주말에 학습활동이 이루어지지 않고 있음 (시간관리)

3. 지난 주말동안 나는 무엇을 했는지 써보세요.

공부	시간	Want	공부 외 활동	시간	Want
~~요리~~	✗	✗	폰	1	○
			풀하고 티레비	4	○
			책읽기	3	○

※ Want: 스스로 원해서 한 일이면 ○ 표시 하기

시각 집중력 수준 낮음 (주의집중력)

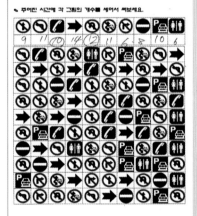

9 11 10 14 12 11 6 8 10 6

글의 문단 구분 안 됨 (읽기)

글의 내용을 아래의 구조에 맞게 넣어 보세요.

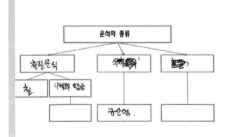

단기 기억은 좋으나 분류 안 함 (기억력)

1-2. 앞 페이지에서 외운 단어를 생각나는 대로 써보세요.

도끼	전단	수박	기차
수박	도끼	바나나	축구
야구	호랑이	농구	복숭아
사슴	파랑	주황	사고
자전거	코끼리	벽	무지개
노랑			

② 진단결과

목표 및 시간관리 (하)	목표유무	개념인식	구체성	효과성		
	있음	있음	있음	없음		
주의집중력 (하)	시각집중력		청각집중력		듣고 핵심 이해	
	하		하		하	
기억력 (중)	기억 용량	분류	유추 표상	상징표상	청킹	장기기억 전략사용	작업 기억	처리속도
	상	사용 안함	사용수준 비슷		하	사용하지 않음	상	상
읽기능력 (하)	읽기 장애		전체 내용 이해와 정리		문맥 이해력	
	없음		주제파악 안됨		하	

③ 문제정의

　진단결과에 따르면, 전반적인 학습전략 사용수준이 낮은 편이다. 처치전략 투입 기간이 2개월인 점을 고려하여 가장 시급한 전략부터 개입하는 것으로 학교 측과 논의하였다. 가장 먼저 처치할 000학생의 학습전략 주제는 집중력과 기억력이었다. 구체적인 문제는 다음과 같다.

　첫째, 청각적 집중력이 낮은 수준이다. 공부를 시작할 때, 주의를 기울여 정보를 파악하고 머리에 그 내용을 입력하는데 시간이 걸리는 편이다. 이야기를 한번 들은 후, 한 번 더 이야기를 들려줄 때 선택적 주의를 기울여 필요한 정보를 습득하는 전략이 부족하다. 수업시간에 집중해서 듣는 편이라고 스스로 생각하고 있지만, 정보파악과 저장은 많이 하지 못하고 있다. 따라서 정보파악 수준을 높이려면 집중이 필요하다는 것을 인식시켜 줄 필요가 있다. 또한, 처음에 정보가 들어올 때 전체적인 맥락을 파악하고 요구되는 정보에 주의를 기울이는 전략을 가르칠 필요가 있다고 판단된다.

　둘째, 시각적 집중력이 전반적으로 낮은 수준이고 읽기능력이 부족하다. 읽은 것을 정확히 파악하고 분류하여 조직화하는 능력 수준을 높일 필요가 있다.

　셋째, 단기기억력은 좋은 편이나 효율적인 기억전략을 사용하지 못하고 있어 장기기억으로 저장이 잘 되지 않고 있다.

[진단 예시] **집단 사례**

◦ 대　상: 초등 6학년 학생 18명
◦ 검사지: 주의집중능력 검사

① 진단결과

영역 대상	전체	시각주의력	청각주의력	학습집중력	지속적집중력	정보처리속도
김OO	16(매우부족)	2(다소부족)	3(다소부족)	5(다소부족)	6(다소부족)	78(또래평균)
김OO	21(다소부족)	10(매우우수)	5(또래평균)	5(다소부족)	1(매우부족)	50(매우느림)
이OO	22(다소부족)	7(다소우수)	6(또래평균)	5(다소부족)	4(매우부족)	62(다소느림)
진OO	23(다소부족)	5(또래평균)	4(다소부족)	8(또래평균)	6(다소부족)	77(또래평균)
김OO	26(또래평균)	8(다소우수)	4(다소부족)	5(다소부족)	9(또래평균)	
박OO	20(다소부족)	2(다소부족)	4(다소부족)	6(다소부족)	8(또래평균)	51(매우느림)
이OO	28(또래평균)	8(다소우수)	9(매우우수)	4(다소부족)	7(다소부족)	45(매우느림)
김OO	19(다소부족)	6(또래평균)	8(다소우수)	1(매우부족)	4(매우부족)	64(다소느림)
서OO	20(다소부족)	6(또래평균)	4(다소부족)	4(다소부족)	6(다소부족)	50(매우느림)
최OO	24(다소부족)	9(매우우수)	5(또래평균)	4(다소부족)	6(다소부족)	61(다소느림)
김OO	16(매우부족)	1(매우부족)	6(또래평균)	6(다소부족)	3(매우부족)	45(매우느림)
천OO	16(매우부족)	4(다소부족)	3(다소부족)	2(매우부족)	7(다소부족)	69(다소느림)
임OO	16(매우부족)	5(또래평균)	3(다소부족)	3(매우부족)	5(다소부족)	56(다소느림)
황OO	20(다소부족)	6(또래평균)	2(매우부족)	1(매우부족)	11(다소우수)	96(다소우수)
박OO	20(다소부족)	4(다소부족)	1(매우부족)	7(또래평균)	8(또래평균)	78(또래평균)
이OO	22(다소부족)	3(다소부족)	3(다소부족)	5(다소부족)	11(다소우수)	61(다소느림)
허OO	18(다소부족)	5(또래평균)	4(다소부족)	3(매우부족)	6(다소부족)	49(매우느림)
전OO	19(다소부족)	4(다소부족)	5(또래평균)	2(매우부족)	8(또래평균)	65(다소느림)

② 문제정의

진단결과, 집중력 수준이 다소 낮은 편이다. 특히 청각적 주의력과 학습 집중력이 낮으며, 정보처리속도가 느린 편이라 정보양이 많을 때 학습 집중력과 집중력 유형이 함께 떨어지는 편이다. 따라서 이 학생들의 경우, 기초수준의 집중력이 요구되며, 정보처리속도가 느린 것을 보완하기 위해 작업기억전략 훈련이 함께 처치될 필요가 있다.

2) 프로그램 설계

　문제를 해결하기 위한 방향과 목표를 정하고, 문제해결을 위한 효과적인 학습전략 주제를 정해 대상의 수준에 맞는 학습모듈을 선정하여 처치프로그램을 설계한다.

　프로그램 설계를 위해서는 주어진 상황과 학생의 해결문제를 알아야 한다. 다음 질문에 답을 해보면서 상황과 문제를 파악할 수 있다.

☐ 문제를 해결하기 위해 처치해야 할 주요 주제영역은 무엇인가?

☐ 문제해결 방향은 무엇인가?

☐ 의뢰대상의 규모(개별, 집단)는 어떠한가?

☐ 얼마동안 프로그램을 운영할 수 있는가?

☐ 어떤 시간에 프로그램을 운영하는가?

☐ 어느 장소에서 프로그램을 운영하는가?

[프로그램 설계 예시]

◦ 문제영역: 기초수준의 집중력 훈련과 시험관리 중 시험준비과정 연습

◦ 문제해결방향: 기초수준의 청각과 시각적 주의력 훈련으로 시작하여, 작업기억 향상을 위한 시연, 청킹전략을 배우고 충분히 연습하도록 한다(진단결과를 통한 방향도출). 초등학교 6학년이지만 시험준비를 체계적으로 해본 경험이 없으므로 중학교 진학을 앞두고 시험관리방법을 배워 학업성취가 향상되는 경험을 해 볼 수 있도록 한다(담당교사의 요구).

◦ 의뢰대상: 초등학교 6학년 학습부진 18명 학생

◦ 프로그램 운영기간: 8주간 16차시

◦ 운영시간: 수요일 방과후 수업

◦ 장소: 과학실

◦ 처치프로그램 설계 내용

회기	차시	학습전략 영역	주제	학습모듈	
1	1 (40분)	집중력	청각적 주의집중력	모듈 2.1 [기초수준] 청각적 주의집중력 이해 (20분)	⇨ 모듈 2.2 [기초수준] 동요 듣고 가사 따라 그리기 (20분)
	2 (40분)	기억력	기억의 과정과 작업기억전략	모듈 1.2 [기초수준] 작업기억력 높이기 (20분)	⇨ 모듈 1.3 [기초수준] 보고보고 또 보면서 외우기 (20분)
2	3 (40분)	복습	기초 집중력과 기억력 복습	청각주의력 모듈 2.1 & 2.2 복습 유사한 학습활동 연습 (20분)	⇨ 기억력 노듈 1.2 & 1.3 복습 유사한 학습활동 연습 (20분)
	4 (40분)	집중력	청각적 주의집중력	모듈 2.4 [기초수준] 듣고 기억하기 (20분)	⇨ 모듈 2.5 [기초수준] 모눈종이 그리기 (20분)
3	1 (40분)	기억력	기초 장기기억전략	모듈 2.1 [기초수준] 끼리끼리 모아서 외우기 (20분)	⇨ 모듈 2.3[기초수준] 머릿속에 그려서 외우기 (20분)
	1 (40분)	집중력	시각적 주의집중력	모듈 3.3 & 3.4 [기초수준] 숨은 글자와 그림 찾기 (내용 추려 20분간)	⇨ 모듈 3.6 & 3.7 [기초수준] 패턴인식하기, 이야기보고 답하기 (내용 추려 20분간)
4	1 (40분)	기억력	기초 → 심화 장기기억전략	모듈 2.2 [기초수준] 첫 글자만 모아서 외우기 (20분)	⇨ 모듈 3.1 [심화수준] 이야기 만들어서 외우기 (20분)
	1 (40분)		심화 장기기억전략	모듈 3.2 [심화수준] 표 들어서 외우기 (20분)	⇨ 모듈 3.3 [심화수준] 서로서로 연결해서 외우기 (20분)
5	1 (40분)	기억력	수업장면에서 기억력 관리(수업관리)	모듈 3.2 [심화수준] 수업장면에서 기억력 관리(20분)	⇨ 유사한 학습활동 연습 (20분)
	1 (40분)	집중력	수업장면에서 집중력 관리(수업관리)	모듈 4.1 [심화수준] 집중해서 읽은 내용 정리하기 (20분)	⇨ 모듈 4.2[심화수준] 집중해서 보고 들은 내용 정리하기 (20분)
6	1 (40분)	시험관리	시험준비방법 알기	모듈 1.1 시험관리란 무엇일까? (20분)	⇨ 모듈 1.3 시험준비방법 알아보기 (20분) - 과제제시 모듈 1.2 공부습관 알아보기
	1 (40분)	시험관리	시험준비 시작하기	모듈 2.1 & 2.2 목표점수는 어떻게 정할까? 시험범위와 학습자료	⇨ 모듈 2.3-5 공부시간 계산하기 시험계획세우는 방법 이해

회기	차시	학습전략 영역	주제	학습모듈		
				확인하기 (내용 추려 20분간)		– 과제제시 시험계획 세우기
7	1 (40분)	시험관리	시험불안 극복하기	모듈 3.2 시험불안 수준 알아보기 (20분)	⇨	모듈 3.3 시험불안 극복방법 1 (20분)
	1 (40분)		시험치기 전략 알기	모듈 4.2 시험치기 전략 활용하기 (20분)	⇨	시험치기 전략 연습(모의시험) (20분)
8	1 (40분)	시험관리	시험치기 전략 알기	모듈 4.3 시험결과 분석하기 (20분)	⇨	모듈 4.5 시험 후 다짐하기 (20분)
	1 (40분)	마무리	점검	점검표 작성	⇨	그동안 프로그램 참여 소감 나누기

3) 프로그램 운영

학생에게 프로그램 진행 취지를 설명하고 프로그램의 운영목적을 이해시킨다. 프로그램을 운영하면서 학생들의 반응을 파악한다. 지속적으로 학생들의 반응과 변화를 관찰하고 면담을 나눈다. 프로그램을 운영하면서 학생에게 목표하는 긍정적 변화가 보이지 않을 때는 설계된 프로그램이 적절한지 검토하고 프로그램 내용이나 수업전략 등을 수정하면서 운영해 나간다.

4) 종결

프로그램이 얼마나 효과적이었는지 검사도구나 만족도 체크리스트, 면담 등의 방법으로 조사하고 분석한다. 문제가 해결되었는지, 프로그램이 목표에 부합했는지 검토한다. 이후 프로그램 효과 평가 결과를 목적과 상황에 맞게 작성하여 학교관계자에게 보고하고 그 내용을 논의한 후 종결한다.

집중이 잘 되는 환경 만들기

CHAPTER 01 집중이 잘 되는 환경 만들기

◉ 학습장면에서 주의집중력은 마음이나 주의를 한 곳으로 모아 공부하는 데에만 집중을 기울이는 능력이다. 주의집중력은 공부를 시작하고 공부하는 과정 내내 가장 중요하게 기능하는 내적인 힘이다. 주의집중력이 좋아지기 위해서는 생각, 마음, 환경을 정리하는 것이 우선되어야 한다. 먼저, 이 장에서는 주의집중력을 향상시키기 위해 집중이 잘 되는 학습환경부터 만들어 보고자 한다.

◉ 제1장은 주의집중력의 의미를 이해하고, 주의집중력을 향상시키기 위한 환경관리 방법을 익힐 수 있는 활동으로 구성되어 있다.

◉ 제1장은 주변 환경관리가 되지 않아 공부할 책이나 필기도구를 준비하는데 시간이 많이 걸리고, 공부할 때 늘 산만한 학생들에게 스스로 환경관리를 할 수 있도록 지도하는데 효과적일 것이다.

목표

◉ 주의집중력이 무엇인지 알고, 주의집중력이 공부할 때 왜 필요한지 이해할 수 있다.

◉ 공부할 때 주의가 산만해지지 않도록 필통, 가방, 사물함을 정리하는 방법과 책상을 정리하는 방법을 알 수 있다.

◉ 집중이 잘 되는 생활습관을 형성할 수 있다.

◉ 공부할 때 집중이 잘 되게 하는 마음과 생각, 태도를 가질 수 있다.

준비물

◉ 교사용 지도안 및 활동지, 학생용 활동지, 수업용 PPT

◉ 종, 4절 도화지, 색깔펜

모듈 1.1

집중력이란 무엇일까?

준비물	소요시간
수업용 PPT, 종	20분

활동내용

■ 집중력이 무엇인지 이해하기

① 눈을 감고 주변에서 들리는 소리를 들어보도록 한다(예: 시계 바늘이 움직이는 소리, 운동장에서 떠드는 소리, 복도에서 나는 발자국 소리 등).

② 어떤 소리가 들리는지 함께 이야기를 나누는 시간을 가진다.

③ 다음으로 종소리 횟수를 맞추는 활동에 대해 소개한다. 눈을 감고, 교사가 치는 종소리 횟수를 맞추어 보도록 설명한다.

④ 종을 임의대로 몇 번 친다. 종이 몇 번 울렸는지 물어본다. 그리고 종소리에 귀 기울이는 동안에도 시계바늘 움직이는 소리, 운동장에서 친구들이 떠드는 소리가 들렸는지 물어본다. 어딘가에 귀를 기울이면 나머지 소리가 안 들리는 것이 바로 집중력임을 이해하도록 한다.

⑤ ①~④의 활동과 학생들의 응답을 바탕으로 집중력의 의미를 설명한다.

■ 집중력에 대한 오해와 진실 OX퀴즈

① 집중력에 대한 이해를 높이기 위해 수업용 PPT에 제시된 퀴즈를 모둠별 혹은 개별로 맞혀 보도록 한다. 가장 많이 맞힌 모둠이나 개인에게 상(가벼운 외적 보상- 사탕 혹은 칭찬, 박수, 보상체제가 마련되어 있을 경우에는 스티커)을 줄 것이라고 설명하고 참여를 유도한다. 퀴즈가 끝난 후 퀴즈의 내용을 정리하면서 집중력의 의미를 충분히 이해하도록 하고 활동을 마친다.

◦ 퀴즈1. 흥미롭거나 급박한 상황에 처하면 집중력이 높아진다. (○)

◦ 퀴즈2. 집중력은 선천적으로 결정되기 때문에 훈련을 통해서 향상시킬 수 없다. (X)

 "집중력은 누구나 선천적으로 타고나지만, 그 능력을 잃지 않고 지속적으로 향상시키려면 꾸준한 훈련과 노력이 필요합니다."

활동내용

◦ 퀴즈3. 관심 없는 일에는 집중력을 발휘할 수 없다. (x)

 "누구나 집중력을 자유자재로 발휘할 수 있습니다. 하지만 꾸준한 훈련을 통해 체계적으로 집중력을 강화한다면 관심 없는 일에도 집중력을 발휘할 수 있습니다. 집중력은 의지에 달려있습니다."

◦ 퀴즈4. 집중력은 건강과도 관련이 깊다. (○)

◦ 퀴즈5. 집중력은 잘못된 사고와 행동방식에 의해서도 흐트러질 수 있다. (○)

◦ 퀴즈6. 집중력은 주변 환경에 방해 받지 않는다. (X)

 "집중력은 환경의 영향을 많이 받기 때문에 환경적 요인을 차단하기란 거의 불가능합니다. 따라서 방해 요인을 정확히 인식하여 물리적인 방법으로 제거하거나 무감각해지도록 노력할 필요가 있습니다."

모듈 1.1
집중력이란 무엇일까?

활동 1 아래 문제를 읽고 **O** 또는 × 표시 해보세요.

퀴즈1. 흥미롭거나 긴급한 상황에 처하면 집중력이 높아진다. (○)

- -

퀴즈2. 집중력은 선천적으로 결정되기 때문에 훈련을 통해서 향상시킬 수 없다. (X)

- -

퀴즈3. 관심 없는 일에는 집중력을 발휘할 수 없다. (X)

- -

퀴즈4. 집중력은 건강과도 관련이 깊다. (○)

- -

퀴즈5. 집중력은 잘못된 생각과 행동으로도 흐트러질 수 있다. (○)

- -

퀴즈6. 집중력은 주변 환경에 의해 방해받지 않는다. (X)

모듈 1.2

나의 공부환경 알아보기

준비물	주의점	소요시간
수업용 PPT, 학생용 활동지 1, 2	공부하는데 집중이 잘 되는 환경을 조성하기 위해 주변 환경 정리가 중요하다는 것을 이해하도록 하는 것이 중요하다. 여기서 다루는 주변 환경은 학생들에게 가장 중요하고 밀접한 책상, 사물함, 필통으로 한정하여 설명하도록 한다.	20분

활동내용

■ 나의 공부환경은 어떤 모습인가? [활동 1]

① [학생용 활동지 1]을 나누어 준다.

② 학생용 활동지에 자신이 가진 학습환경의 현재 상태를 그림으로 그려 보게 한다.

■ 나의 공부환경을 어떻게 바꾸면 더 집중을 잘할 수 있을까? [활동 2]

① [학생용 활동지 2]를 나누어 준다.

② 2명 또는 3명이 짝을 짓는다.

③ 짝과 [학생용 활동지 1], [학생용 활동지 2]를 교환한 후, 서로의 공부환경에 대해 칭찬할 점과 고치면 좋을 점을 적어주도록 한다.

④ 활동지를 보면서 서로에게 작성한 것을 읽어주고 의견을 나눈 후, 각자가 느낀 점을 적도록 한다.

⑤ 활동을 통해 자신의 현재 환경을 스스로 점검하고, 공부를 잘할 수 있는 환경을 만들 수 있도록 지도한다.

모듈 1.2

나의 공부환경 알아보기

 활동 1　나의 공부환경은 어떤 모습인가?

 평상시 내 책상 위 모습은 어떤지 그려보세요.

 평상시 내 학교사물함 속에는 무엇이 어떤 모습으로 들어 있는지 그려보세요.

 평상시 내 필통 속에는 무엇이 어떤 모습으로 들어 있는지 그려보세요.

활동 2 나의 공부환경을 어떻게 바꾸면 집중을 더 잘할 수 있을까?

 서로의 공부환경을 살펴보고, 각자 칭찬할 점과 고치면 좋을 점을 적어보세요.

	칭찬할 점	고치면 좋을 점

 다른 친구의 조언을 듣고 내가 느낀 점은 무엇인가요?

33

모듈 1.3
집중이 잘 되는 환경 만들기

준비물	소요시간
수업용 PPT, 학생용 활동지 1, 2	20분

활동내용

■ 이럴 때 어떨까? [활동 1]

① [학생용 활동지 1]을 나누어 준다.

② 정리정돈이 안되어 어질러져 있는 책상에서 공부를 하려고 앉은 '수희'의 기분과 생각이 어떠할지 주어진 말풍선 란에 자유롭게 적어보도록 한다.

③ 서로의 생각을 발표해 보도록 한다.

④ 공부에 집중하기 위해서는 '수희'가 어떻게 달라져야 하는지를 생각해 보고, 그 내용을 적어본다. 그리고 학생들의 생각을 발표해 보도록 하고, 교사는 그 내용을 칠판에 적는다.

⑤ 칠판에 적힌 내용을 정리하여 공부하기 전 바람직한 환경정리 방법에 대해 알도록 한다.

■ 집중이 잘 되는 환경만들기 방법 [활동 2]

① [학생용 활동지 2]를 나누어 주고, 괄호 안에 답을 채워보도록 한다.

② 수업용 PPT를 사용하여 집중을 잘 하기 위한 공부환경 관리의 중요성을 알려주고, 집중이 잘 되는 환경을 만드는 방법에 대해 설명한다.

③ 모둠별로 집중이 잘 되는 환경을 만드는 방법에 대해서 그동안 배운 것을 복습하도록 한다.

④ 각 모둠별로 외운 것을 바탕으로 실제로 책상, 필통, 사물함을 정리해 보도록 한다.

⑤ 일상생활이나 수업시간에도 어떻게 적용할지, 모둠별로 설명해 보도록 한다.

모듈 1.3
집중이 잘 되는 환경 만들기

 수희는 공부를 하려고 책상에 앉았습니다. 근데, 책상은 엉망으로 어질러져 있었습니다. 이때 수희는 어떤 기분일까요? 그리고 무슨 생각이 들었을까요?

활동 2   다음 (   )안에 알맞은 말을 채워보세요.

---

1. 책상 위는 항상 깨끗이 정리정돈하기!

① 책상은 (항상 깨끗이) 정리한다.

② 책상 위에는 (현재 공부하는 내용과 관련 있는 교과서, 노트, 필기
구가 정해진 자리에 놓여 있는지) 확인한다.

---

2. 학교 사물함은 책과 학용품을 섞이지 않도록 분류하여 정리하기!

① 가장 크기가 (큰 책)을 왼쪽에 → ② 그 다음 (같은 크기의 책) 넣기

→ ③ 중간에 (책꽂이)를 넣기 → ④ 작은 바구니에 개인물건담기

(풀, 칫솔, 가위, 색종이 등 작은 물건은 지퍼백에 넣어서 바구니에 보관)

---

3. 필통 속은 공부에 필요한 필기구를 쉽게 꺼내 쓸 수 있게 정리하기!

연필이나 샤프(샤프심), 지우개, 볼펜(검정, 파란, 빨강) 또는 형광
펜(3색), 자, 수정액 등 수업에 필요한 필기구는 반드시 구비한다.

---

4. 공부에 방해되는 것들은 (잠시 멀리하기) !

공부를 할 때는 컴퓨터나 핸드폰, 음악, TV 등 공부에 방해되는 것들
은 잠시 멀리하고, 소음이 차단된 곳에서 (가장 집중이 잘 되는 장소)
를 정해서 (정해진 장소)에서 공부를 한다.

---

5. 건강한 생활습관 기르기!

① 매일 (7~8시간) 정도 푹 자기 ② 하루 (세 끼) 꼭 챙겨먹기

③ 적당한 운동하기 ④ 인스턴트 음식 많이 먹지 않기

모듈 1.4

집중이 잘 되는 마음가짐

준비물	소요시간
수업용 PPT, 학생용 활동지 1, 색깔펜, 4절지, 포스트잇(또는 모둠활동판)	20분

활동내용

■ 공부 준비는 이렇게! [활동 1]

① [학생용 활동지 1]을 나누어 준다.

② 내가 집중력을 높이기 위해서 공부할 때 어떤 마음과 생각, 행동을 가져야 하는지 생각해 본 후, 활동 예시를 참고하여 적어보도록 한다.

③ 모둠을 나눠 각 모둠에 4절지 1장(또는 모둠활동판)과 학생 수만큼의 포스트잇을 나누어 준다.

④ 자신의 생각을 모둠원들과 나누어 보고, 서로의 생각을 비교해 본다. 각각의 아이디어를 포스트잇에 적어 제공된 4절지(또는 모둠활동판)에 분류하여 붙여보도록 한다.

⑤ 각 모둠별로 정리한 내용을 발표한다.

⑥ 비슷한 아이디어 포스트잇끼리 칠판에 붙여 학생들의 아이디어를 정리해 준다.

⑦ 높은 집중력을 가지는데 도움이 되는 마음, 생각, 태도들을 다시 정리한 후, 활동을 마무리 한다.

모듈 1.4
집중이 잘 되는 마음가짐

-공부 준비는 이렇게!

활동 1 집중이 잘 되도록 하기 위해 공부를 시작할 때 어떤 마음과 생각, 태도를 가져야 할까요?

공부를 준비하는 마음

흥미롭다. 기대된다. 설렌다. 끝까지 최선을 다하는 나 자신이 자랑스럽다. 전화나 문자를 하고 싶지만 잘 참는 나 자신이 자랑스럽다. 긍정적인 마음을 가지자. 부정적인 기분은 날려버리자 등

공부를 준비하는 생각

공부를 시작해야 하니까 이제 딴생각은 하지 말자. 뭘 공부해야 하지? 앞에서 배웠던 내용이 무엇이더라. 오늘은 어떤 공부를 할까? 배우는 내용이 어렵긴 하지만, 열심히 하면 내용을 더 잘 이해할 거야. 실수해도 괜찮아. 다시 노력하면 돼. 집중하자 등

공부를 준비하는 태도

공부하기 전에 책상정리 하기, 필통 안에 연필, 지우개, 자가 준비되어 있는지 점검해보기, 책상 위에 공부할 책 준비하기, 자리에 차분히 앉아있기 등

모듈 1.5
집중 환경 점검하기

준비물	주의점	소요시간
학생용 활동지	◦ 집중환경 만들기 실천을 다짐할 때 모든 학생이 발표할 수 있도록 한다. ◦ 교사는 일주일동안 실천해온 것을 꼭 점검해 주어야 한다.	20분

활동내용

■ 점검활동 [활동 1]

① [학생용 활동지 1]을 나누어 준다.

② 체크리스트 문항을 읽고, 자기 스스로 생각하는 점수에 표시하도록 한다. (자기점검 연습하기)

③ 집중력 활동을 한 후에 느낀 점이 무엇인지 적어보도록 한다.

④ 짝을 정해 짝과 점수표를 바꿔 4점 만점에 몇 점인지 점수를 매겨 주도록 한다. (동료평가하기)

⑤ 짝과 왜 그 점수를 매겼는지 이야기를 나누어 보도록 한다.

⑥ 활동 후 느낀 점을 서로 나누고, 오늘 수업시간에 서로에 대해 칭찬하고 싶은 점을 하나씩 말해 보도록 한다.

■ '제1장. 집중 환경 만들기' 실천 다짐하기 [활동 2]

① [학생용 활동지 2]를 나누어 준다.

② 수업시간에 배운 내용을 떠올려 보도록 한다. 배운 내용을 바탕으로 '공부를 시작하기 전 먼저 주변 환경을 정리하는 습관을 가지겠다'는 다짐을 작성하도록 한다.

③ 작성 후 각자 짝이나 모둠의 구성원들과 돌아가면서 발표를 하도록 한다.

④ 다짐한 내용을 일주일간 실천하고 점검해 오도록 한다.

모듈 1.5

집중 환경 점검하기

활동 1   그동안 배웠던 내용을 점검해 볼까요?

연번	질문	전혀 아니다 1	아니다 2	그렇다 3	매우 그렇다 4	친구 점수 /4
1	주변 환경을 집중이 잘 되도록 정리하는 방법을 배웠습니까?	1	2	3	4	/4
2	공부에 꼭 필요한 필기구들을 필통 속에 잘 정리하는 방법을 배웠습니까?	1	2	3	4	/4
3	지금까지 배운 대로 책상, 사물함, 필통을 정리한 후, 공부할 때 집중이 더 잘 되었습니까?	1	2	3	4	/4
4	지금까지 배운 공부환경 정리방법을 실제 생활에서 스스로 실천할 자신이 있습니까?	1	2	3	4	/4
5	책상 위를 정리하는 방법에는 무엇이 있습니까? (3가지만 적어보기) ① ② ③	1	2	3	4	/4
6	학교 사물함을 정리하는 방법은 무엇입니까? (3가지만 적어보기) ① ② ③	1	2	3	4	/4
7	집중이 잘 되는 생활습관에는 무엇이 있습니까? (3가지만 적어보기) ① ② ③	1	2	3	4	/4

칭찬 하기	친구가 칭찬하기	나에게 칭찬하기

활동 2　나의 다짐

-나는 공부 준비를 이렇게 하겠습니다!

첫째, 나는 (・・・・・・・) 한 마음으로 공부를 시작할 것입니다.

둘째, 나는 (・・・・・・) 한 생각으로 공부를 시작할 것입니다.

셋째, 나는 (・・・・・) 하는 태도로 공부를 시작할 것입니다.

오늘부터 다음 수업시간까지

공부를 시작하면서 집중이 잘 되도록 하기 위해 위 3가지를 지킬 것을 다짐합니다.

년　　월　　일

성명　　　　(인)

날짜						
확인						

청각적 주의집중력

청각적 주의집중력

- ◉ 청각적 주의집중력이란 오감 중 '소리'에 주의를 집중하여 언어적으로 주어지는 지시를 잘 듣고 그 지시를 정확하게 수행하는 능력이다. 학교수업은 교사의 설명을 들으면서 주로 이루어지기 때문에, 학습에서 '듣기'는 중요한 영역이다. 특히, 공부를 잘 못하는 학생들의 두드러진 특징 중 하나는 교사의 지시사항에 주의를 기울여 잘 듣지 못하고 산만하다는 것이다.
- ◉ 제2장은 청각적 주의집중력의 의미를 이해하고, 청각적 주의집중력을 향상시키기 위한 다양한 전략들을 실제 익혀볼 수 있는 활동으로 구성되어 있다.
- ◉ 제2장은 청각적 주의집중력의 가장 기초 단계에서부터 심화 단계의 모듈로 구성되어 있다. 각 모듈의 활동들을 학생의 청각적 주의집중력 수준에 맞춰 선택해서 수업을 구성할 수 있다. 이때, 같은 수준의 여러 활동을 반복적으로 연습하도록 하는 것이 청각적 주의집중력을 향상시키는 데에 효과적이다. 특히 주의를 기울여 듣는 능력이 부족한 학생들에게 단계별로 적용하여 연습시키면 좋을 것이다.

목표

- ◉ 청각적 주의집중력이 무엇인지 알고, 공부할 때 왜 필요한지 이해할 수 있다.
- ◉ 청각적 주의집중력이 좋아지는 여러 가지 방법을 사용할 수 있다.

준비물

- ◉ 교사용 지도안 및 활동지, 학생용 개별 활동지, 수업용 PPT
- ◉ 얼굴그리기 동요 mp3, 타이머

모듈 2.1

청각적 주의집중력이란 무엇일까?

준비물	소요시간
수업용 PPT, 학생용 활동지 1	20분

활동내용

 **Tip**

이 게임은 어릴 때 아이들과 함께 했던 '코코코' 게임으로 상대방의 손동작에 상관없이, 상대방이 말하는 지시사항을 잘 듣고 그 지시대로 동작하는 게임이다. 학생들은 상대방이 얘기하는 지시사항에 얼마나 집중할 수 있는지 그 수준을 살펴보면서 게임을 진행한다.

■ 청각적 주의집중력 게임

'코코코' 게임을 통해서 청각적 주의집중력의 중요성을 인식하도록 한다.

① 학생들에게 짝끼리 마주보고 앉도록 한다.

② 먼저 문제를 내는 학생이 손으로 코를 짚으며 "코코코" 라고 하다가 '눈'이라고 말하며 손으로는 '머리'를 짚는다. 마주 앉은 학생은 상대방이 하는 동작을 따라하는 것이 아니라 말에 집중해서 그 지시대로 동작을 한다.

③ 게임을 3번씩 하도록 한다.

④ 누가 이겼는지 확인한다.

⑤ 이긴 사람은 게임을 잘하는 사람인 동시에 다른 사람의 말을 잘 들을 수 있는 청각적 주의력이 높은 사람이라고 칭찬한다.

⑥ 활동을 하고 난 후 어땠는지 그 느낌을 1~2명이 발표를 해 보도록 한다.

활동내용

■ **청각적 주의집중력이 무엇일까?**

① [학생용 활동지 1]을 나누어 준다.

② 청각적 주의집중력의 개념을 설명한다.

"청각적 주의집중력이란 오감 중 '소리'에 주의를 집중하여 지시에 따라 활동을 수행하는 능력입니다."

③ 청각적 주의집중력이 부족할 때 생기는 일상생활에서의 어려움을 생각해 보도록 한 후, 어떤 상황들이 있었는지 발표해 보도록 한다.

　◦ 예: 평소 부모님의 말씀을 귀기울여 듣지 못하여 부모님의 지시내용과 다른 행동을 한 경우, 친구의 말을 잘못 들어서 약속장소를 엉뚱한 곳으로 기억하는 경우, 수업시간에 선생님의 지시내용을 제대로 듣지 못해 준비물을 챙겨오지 않거나 잘못 챙겨 오는 경우 등

 Tip

청각적 주의집중력이 부족한 학생들은 다른 사람의 말을 잘 안 듣는 경우가 많아서 주위 사람들로부터 불평과 비난을 받은 경험을 가지고 있을 가능성이 높다.

④ 이러한 상황들을 떠올리면서 일상 생활 분 아니라 공부할 때에도 청각적 주의집중력이 중요하다는 것을 인식할 수 있도록 한다.

⑤ 수업용 PPT에 있는 청각적 주의집중력 전략을 설명하고 학생들에게 [학생용 활동지 1]을 작성하도록 한다. 활동지를 작성한 후 다함께 청각적 주의집중력 전략을 큰소리로 읽도록 한다.

47

모듈 2.1
청각적 주의집중력이란 무엇일까?

활동 1   다음 (   )안에 알맞은 말을 채워보세요.

1. 청각적 주의집중력의 의미는?

오감 중 (소리)에 집중하여 상대방이 말하는 내용을 잘 듣고, 적절한
반응을 하거나 지시한 내용을 잘 수행하는 능력이다.

2. 청각적 주의집중력이 부족하면 어떤 어려움이 있을까요?

(여러분의 경험을 적어도 괜찮습니다.)

듣기평가에서 낮은 점수를 받는다. 받아쓰기가 잘 안 된다. 수업 중
바깥소리를 잘 듣는다. 선생님이나 부모님께서 지시를 하면 여러 번
되묻곤 한다. 친구들 사이에서 사오정이라는 별명으로 불린다. '수업
시간 중에 선생님 말씀이 귀에 들어오지 않는다' 등 학생들이 일상생
활에서 겪었던 어려움을 바탕으로 내용을 적어보게 함.

3. 청각적 주의집중력은 연습을 통해서 향상될 수 있다! (○ , X)

4. 청각적 주의집중력 실천전략! (다음 (   )를 채워 문장을 완성하세요.)

" 한 가지에만 집중하라 ! 어디에? (소리) ! "

① (귀)를 쫑긋 세우고 (지시사항에 초점)을 두고 듣기. 그리고 난 후 지시에 따라 행동하기

② 항상 자신에게 스스로 (질문)을 하기

   "○○야! 지금 집중해서 수업을 잘 듣고 있는 거니?"

③ 지시사항에 따라 행동을 한 후 제대로 했는지 확인하고 점검하기

   "어떻게 했지?"

④ 나 스스로에게 칭찬과 용기를 주기

   "소리에 잘 집중해서 행동했네. 정~말 잘했어!!!" "실수해도 괜찮아! 다음에 더 잘 듣도록 노력

하자!"

모듈 2.2

동요 듣고 가사 따라 그리기

준비물	소요시간
학생용 활동지 1, 얼굴그리기 동요 mp3	20분

활동내용

■ 동요 듣고 가사 내용 따라 그려보기 [활동 1]

 Tip

수업용 프로그램 파일에 수록된 동요 mp3를 사용하여 '얼굴그리기 전래동요'를 들려주고 가사 내용 대로 그림을 그려보는 게임을 한다. 동요는 총 3번 들려준다. 먼저 2번 들려주고 노래가사를 완성하도록 한다. 그러고 나서 동요를 1번 더 들려주고 가사내용대로 그림을 그리도록 한다.

① [학생용 활동지 1]을 나누어 준다.

② 동요를 2번 들려주고, 가사를 완성하도록 한다.

③ 동요를 한 번 더 들려주고 가사 내용을 보면서 '얼굴' 그림을 완성하도록 한다.

④ 어떤 학생이 두 가지 활동과제를 잘 수행했는지, 누가 중간에 포기했는지 관찰한다.

⑤ 그림을 다 그린 학생들은 손을 들어보도록 한다. 그 중 1~2명 학생들에게 칠판에 나와 자신이 완성한 얼굴 그림을 그려보도록 한다.

⑥ 활동과제를 잘 수행한 학생은 칭찬과 간단한 보상을 제공하여 성취감을 느끼도록 한다.

모듈 2.2
동요 듣고 가사 따라 그리기

 활동 1 들려주는 동요의 가사를 완성한 후, 가사에 맞게 그림을 그려보세요.

동요를 두 번 들려줍니다. 동요를 들으면서 가사를 완성해 보세요.

아침에도 땡

저녁에도 땡

창문을 열었더니 비가 오더래.

아이고 무서워

지렁이가 두 마리

해골바가지.

 동요를 한 번 더 들려줍니다. 동요를 들으면서, 가사에 맞게 그림을 완성하세요.

모듈 2.3

오른손, 왼손 게임, 숫자 더하기 게임하기

준비물	주의점	소요시간
파란색, 흰색 A4용지 (학생수의 1/2장), 교사용 스크립트	집중력과 기억력을 함께 높일 수 있도록 하루에 1, 2번씩 꾸준히 실시하도록 한다.	20분

활동내용

■ 오른손, 왼손 게임 [활동 1]

이 게임은 청각적 주의집중력 활동을 하면서 집중력 전략을 익히는 활동이다.

① 오른손 · 왼손 게임을 하기 위해 먼저 '파란색 손', '하얀색 손'이 될 파란색과 흰색 A4용지를 반으로 잘라서 학생들 모두에게 나누어 준다.

② 오른손에는 파란색 종이, 왼손에는 흰색 종이를 들고 모두 제자리에서 일어서도록 한다.

③ 각자 일어선 상태에서 교사의 지시에 따라 동작을 하는 게임이라고 설명한다. 게임에서 '오른손'은 파란색 종이를, '왼손'은 흰색 종이를 지칭하는 것이라고 알려준다. 그리고 지시사항을 끝까지 잘 들어야 지시대로 정확히 동작을 할 수 있다고 설명한다.

④ 게임은 1번만 진행하는데, 틀린 학생은 제자리에 앉고 지시에 따라 정확한 행동을 한 사람만 다음 게임에 참여할 수 있다고 규칙을 설명한다.

④ 교사는 [교사용 활동지 활동 1]에 있는 오른손, 왼손 스크립트를 읽으면서 게임을 진행한다.

⑤ 마지막까지 게임을 잘 수행한 학생에게 칭찬과 간단한 보상을 한다. 그리고 어떻게 하여 게임을 잘 수행할 수 있었는지 말해 보도록 한다.

활동내용

■ 앞 숫자 더하기 게임 [활동 2]

 Tip

이 게임은 앞에 불러주는 숫자를 차례대로 2개씩 더해서 답을 맞추는 게임이다. 예를 들어 "1, 2"라고 했을 때 학생들은 두 수를 더해서 "3"이라고 대답을 한다. 이후 교사가 "4"라고 불러주면 앞 숫자 2에서 4를 더하여 "6"이라고 대답해야 한다.

① 학생 중 한 명을 앞으로 나오게 해서 시범을 보여준다. 앞에 나온 학생에게 [교사용 활동지 활동 2]에 제시된 스크립트를 불러주고 답을 말하도록 한다. 시범을 통해 학생들이 게임방법을 이해하도록 한다.

② 학생들을 모두 일어서게 한다. 더하기 게임에서 틀린 답을 말한 학생들은 계속해서 게임에 참여할 수 없고, 제자리에 앉아야 한다는 규칙을 설명한다.

③ 교사는 생각나는 숫자를 불러준다.

④ 끝까지 남아서 정답을 맞춘 친구에게는 남의 말을 잘 들을 뿐만 아니라 기억력과 숫자 계산이 빠른 학생이라고 칭찬을 해주고 간단한 보상을 한다.

모듈 2.3
오른손, 왼손 게임, 숫자 더하기 게임하기

활동 1 오른손, 왼손 게임

스크립트

오른손 들어. 왼손 들어. 오른손 들어. 왼손 내려. 오른손 내려. 왼손 올려. 오른손 들어. 오른손 들어. 오른손 내려. 왼손 내려. 오른손 들어. 왼손 내려. 왼손 내려. 오른손 내려. 왼손 들고 오른손 내려. 오른손 올려. 오른손 올리고 왼손 내려. 왼손 들어. 오른손 들지 말고 왼손 들어. 오른손 내려. 왼손 내려. 오른손 내리지 말고 왼손 내려. 오른손 왼손 모두 들어.

활동 2 앞에 불러준 숫자와 더하기

2	3	7	4	3	5	4	7	8	3	2	5	3	9	1	4

정답															
5	10	11	7	8	9	11	15	11	5	7	8	12	10	5

3	4	8	6	5	3	4	7	9	1	3	3	2	4	5	8	9

정답															
7	12	14	11	8	7	11	16	10	4	6	5	6	9	13	17

모듈 2.4

듣고 기억하기

준비물	소요시간
학생용 활동지 1, 교사용 스크립트 활동지	20분

활동내용

■ 듣고 기억하기 [활동 1]

① [학생용 활동지 1]을 나누어 준다.

② "선생님이 불러주는 숫자와 한글을 다 들은 후 활동지에 불러준 내용을 씁니다. "선생님이 '쓰세요.'라고 할 때까지 필기도구를 들지 않습니다." 라고 말하고, 교사가 숫자를 다 불러줄 때까지 활동지에 들은 내용을 적어서는 안 된다는 규칙을 설명한다.

③ 연습게임으로 숫자를 한 번 불러주고 들은 내용을 기억해서 [학생용 활동지 1] 1번에 쓰도록 한다.

④ 2번부터 본격적인 게임을 시작한다. 일정한 속도로 스크립트에 있는 내용을 불러주고, "이제 [학생용 활동지 1]에 쓰세요."라고 말을 한 후 숫자나 한글 하나당 1초 정도의 적는 시간제한을 준다. 보통 한 칸을 적는데 4-7초 정도 제한을 두면 된다.

⑤ 어떤 학생이 과제를 잘 수행하였고, 또 어떤 학생이 잘 수행하지 못하는지 관찰한다.

⑥ 활동이 끝난 후에 정답을 보여주고 채점하도록 한다. 수행을 잘 한 학생에게 칭찬을 해주고 간단한 보상을 한다.

모듈 2.4

듣고 기억하기

활동 1 숫자나 글자를 듣고 기억해서 그 내용을 쓰세요.

1	1 2 3 2	2	2 1 1 4	3	7 3 4 4
4	9 하 6 나 3 사	5	6 다 3 카 6 바	6	6 2 사 7 3 아
7	9 7 6 3	8	1 2 3 6	9	9 8 7 3
10	6 4 2 3	11	7 8 9 0	12	2 2 1 3
13	8 2 가 8 2 나 4	14	5 2 아 2 1 나 3	15	5 7 파 8 0 도 3
16	1 0 1 0 3	17	0 0 0 1 4	18	3 6 9 0 2
19	6 3 3 9 2	20	5 1 5 2 3	21	8 7 8 7 3
22	3 2 5 6 3	23	4 7 3 6 2	24	7 8 2 5 4

모듈 2.5

모눈종이 그림 그리기

준비물	주의점	소요시간
학생용 활동지 1, 교사용 스크립트 활동지	'모눈종이 그림그리기'는 청각적 주의집중력뿐만 아니라 끈기있게 집중하게 하는 지속적 주의집중력 향상에 효과적인 활동이다. 학생들이 그림을 완성했을 때 성취감을 많이 느끼는 활동이므로, 다양한 그림으로 학생들이 여러 차례 연습할 수 있도록 한다.	20분

활동내용

■ 모눈종이 그림그리기 [활동 1]

 Tip

교사용 활동지에 제시된 스크립트를 읽어주는 내용에 따라 그림을 완성하는 활동이다.

① [학생용 활동지 1]을 나누어 준다.

② 교사가 들려주는 지시 문장을 듣고 모눈종이에 선을 이어가며 그림을 완성해 보는 활동이라고 설명한다.

③ "선생님의 말에 귀를 기울여 선을 그려나가면 예쁜 그림이 완성될 거예요. 어떤 그림이 될지 궁금하죠? 지금부터 잘 듣고 그대로 그려보세요." 라고 지시를 하고, 교사용 스크립트를 읽는다.

④ 먼저, 그림의 시작점 위치를 찾도록 설명한다. 시작점에 ·표를 하도록 한다. 모눈종이 그림을 그리는 방법에 대해서 이해를 못하는 학생이 있는지 확인한 후 시작한다.

⑤ 모눈종이 스크립트를 읽는다. (완성그림: 사과)

⑥ 어떤 학생이 과제를 잘 수행하고 끝까지 그림을 완성하였으며, 어떤 학생이 중간에 포기를 하였는지 관찰을 한다.

⑦ 그림을 완성한 학생에게 다른 사람의 말을 잘 듣고, 끈기있게 과제를 잘 완수했다고 칭찬하고, 어떻게 주의집중을 끝까지 잘할 수 있었는지 발표하게 한다.

모듈 2.5

모눈종이 그림 그리기

-무엇일까요?

 활동 1

지시사항을 듣고 아래 모눈종이판에 그림을 완성해 보세요.

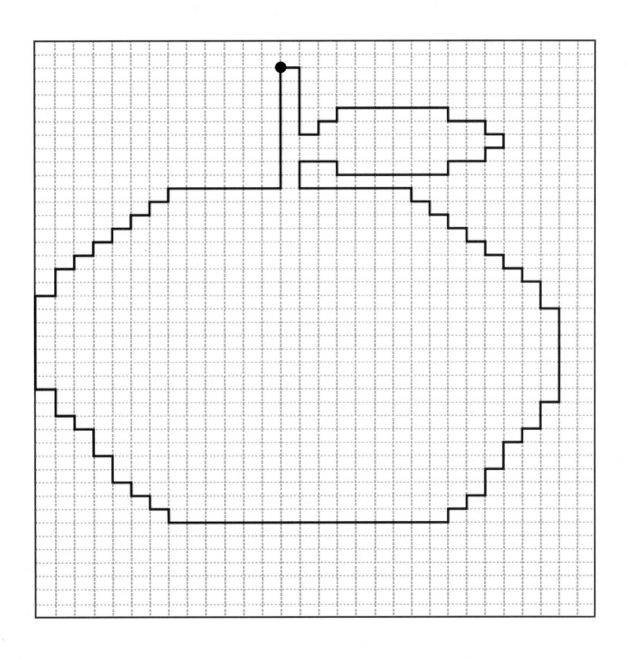

보조자료   교사용 스크립트

- 시작점을 점으로 표시합니다(첫줄 열세 칸, 아래로 두 칸)

- 시작점에서 아래로 아홉 칸 내려갑니다. (선을 따라 그으시면 됩니다.) 왼쪽으로 여섯 칸 갑니다.

- 아래로 한 칸, 왼쪽으로 한 칸, 아래로 한 칸, 왼쪽으로 한 칸 갑니다.

- 다시 아래로 한 칸, 왼쪽으로 한 칸, 아래로 한 칸, 왼쪽으로 한 칸, 아래로 한 칸, 왼쪽으로 한 칸 갑니다.

- 다시 아래로 한 칸, 왼쪽으로 한 칸, 아래로 두 칸, 왼쪽으로 한 칸 갑니다. 아래로 일곱 칸, 오른쪽으로 한 칸 갑니다.

- 다시 아래로 두 칸, 오른쪽으로 한 칸 갑니다. 아래로 한 칸, 오른쪽으로 한 칸, 아래로 두 칸, 오른쪽으로 한 칸 갑니다.

- 다시 아래로 두 칸, 오른쪽으로 한 칸, 아래로 한 칸, 오른쪽으로 한 칸 갑니다.

- 다시 아래로 한 칸, 오른쪽으로 한 칸, 아래로 한 칸, 오른쪽으로 열다섯 칸 갑니다.

- 다시 위로 한 칸, 오른쪽으로 한 칸, 위로 한 칸, 오른쪽으로 한 칸 갑니다.

- 위로 두 칸, 오른쪽으로 한 칸 갑니다. 위로 두 칸, 오른쪽으로 한 칸 갑니다.

- 다시 위로 한 칸, 오른쪽 한 칸, 위로 두 칸, 오른쪽 한 칸 갑니다.

- 위로 일곱 칸 합니다. 왼쪽으로 한 칸 갑니다.

- 다시 위로 두 칸, 왼쪽 한 칸, 위로 한 칸, 왼쪽 한 칸, 위로 한 칸, 왼쪽 한 칸, 위로 한 칸, 왼쪽 한 칸 갑니다.

- 다시 위로 한 칸, 왼쪽 한 칸, 위로 한 칸, 왼쪽 한 칸 갑니다.

- 다시 위로 한 칸, 왼쪽 한 칸, 위로 한 칸, 왼쪽 여섯 칸 갑니다.

- 다시 위로 두 칸, 오른쪽 두 칸 갑니다.

- 아래로 한 칸, 오른쪽 여섯 칸 갑니다.

- 다시 위로 한 칸, 오른쪽 두 칸, 위로 한 칸, 오른쪽 한 칸 갑니다.

- 위로 한 칸, 왼쪽 한 칸, 위로 한 칸, 왼쪽 두 칸 갑니다.

- 위로 한 칸, 왼쪽으로 여섯 칸 갑니다.

- 다시 아래로 한 칸, 왼쪽으로 한 칸, 아래로 한 칸, 왼쪽으로 한 칸 갑니다.

- 다시 위로 다섯 칸, 마지막으로 왼쪽으로 한 칸 더 가면?

멋진 사과 그림이 됩니다.

모듈 2.6

귓속말 전달하기

준비물	주의점	소요시간
타이머, 교사용 활동지, 학생용 활동지	모둠원은 상황에 따라 4명 혹은 6명까지 가능하므로 적절히 구성하도록 한다.	20분

활동내용

■ 귓속말 전달하기 [활동 1]

 Tip

낱말카드에 쓰인 내용을 외워 전달하는 활동을 통해 청각적 집중력과 기억력을 함께 기르는 훈련이다.

① 모둠을 5명씩 구성하도록 한다.

② 한 모둠에 서로 다른 문장이 쓰인 낱말카드를 5개씩 나누어준다. 모둠원이 각각 낱말카드를 한 장씩 가지도록 한다.

③ 학생들 모두는 자신이 가지고 있는 낱말카드 문장을 기억하도록 한다. 제한시간은 2분을 준다.

④ 2분이 지난 후, 게임을 시작한다.

⑤ 한 모둠씩 교실 앞으로 나와 한 줄로 서게 한다. 그리고 외운 낱말카드 문장을 귓속말로 옆에 있는 모둠원에게 전달하게 한다. 전달받은 학생은 옆 친구에게 전달받은 내용을 전달하고, 마지막에 전달받은 내용을 종이에 받아쓰도록 한다. 자신의 문장을 전달한 학생은 맨 마지막으로 가서 문장을 받아 기록하는 역할을 한다. 그리고 다시 맨 앞에 있는 학생이 자신이 외운 문장을 옆 친구에게 전달한다. 이런 과정을 5개 문장이 완성될 때까지 반복한다. 타이머로 5개 문장 완성시간을 재고 기록해 둔다.

⑥ 5명의 학생들이 들은 내용을 정확하게 가장 빨리 전달한 모둠이 이긴다.

⑦ 게임을 하고 난 후 이긴 모둠에게 기분이 어땠는지 물어 느낌을 나누도록 한다. 이긴 모둠 학생들에게 친구의 얘기를 잘 듣고 기억을 잘 했다고 칭찬해 준다.

활동내용

⑧ 빈칸이 적힌 [학생용 활동지 1]을 나누어 준다.

⑨ 게임을 통해 익힌 낱말카드 5개 문장을 활동지에 적어 보도록 하여 한 번 더 익히게 한다.

 **Tip** 활용

낱말카드의 내용은 어떤 내용을 구성해도 가능하므로 각 학년별로 교과서에 나오는 중심 낱말의 내용을 적용해서 구성해도 된다.

모듈 2.6

귓속말 전달하기

활동 1 옆 친구에게 들은 내용을 전달해서 글을 완성하는 게임입니다.

식물은 잎, 줄기, 뿌리를 가지고 있습니다.

식물은 꽃을 피우기도 하고, 열매를 맺기도 합니다.

연못이나 강가에 사는 대표적인 식물에는 부레옥잠이 있습니다.

사막에 사는 대표적인 식물에는 선인장이 있습니다.

식물은 약이나 옷감의 재료로 쓰이거나, 건축에 이용됩니다.

(교육부, 2013)

모듈 2.7

이야기 듣고 답하기

준비물	소요시간
교사용 듣기 자료 1, 2, 학생용 활동지 1, 2	20분

활동내용

■ 이야기 듣고 답하기 [활동 1], [활동 2]

 Tip

교사용 활동지에 있는 듣기 자료 2가지 중 한 가지를 선택하여 두 번 읽어준 후, 질문에 답하고 중심 내용을 적어보게 하는 활동이다. 이 활동을 통해 듣고 이해하는 능력을 점검해 볼 수 있다.

① 학생들에게 "선생님이 어떤 글을 한 번 읽어 줄 거예요. 읽어 준 후에 잘 들었는지 확인하기 위해서 여러분에게 질문할 거예요."라고 설명한다. 활동지는 나누어 주지 않는다.

② 교사용 활동지에 있는 [듣기 자료 1]을 읽어준 후에 활동지를 나누어 주고 답을 작성해 보도록 한다. 답안 작성 시간은 3분정도 준다.

③ 주어진 시간이 지나면 답을 다 작성하지 못해도 답안 작성을 멈추도록 한다. 듣기 자료를 다시 한 번 더 읽어 준다. 이번에는 활동지에 제시된 질문을 보면서 듣도록 한다.

④ 다 듣고 난 후에 각 질문에 답을 완성하게 한다.

⑤ 활동지의 질문 내용을 다 함께 읽으면서 정답을 확인해 본다.

⑥ [듣기 자료 2]의 활동도 같은 방식으로 진행한다.

⑦ 선생님이 처음에 들려주신 이야기를 들었을 때와 두 번째 활동지의 내용을 보며 들었을 때 집중력에 어떤 차이가 있었는지 느낀 점을 학생들 모두 발표해 보도록 한다.

모듈 2.7
이야기 듣고 답하기

활동 I **이야기를 두 번 듣고, 다음 질문에 답해 보세요.**

 [듣기 자료 1]

1960년대에서 1970년대에 미국 스탠포드 대학에서 실시했던 유명한 실험 이야기입니다. 심리학자 미셸(Mischell)박사는 동료들과 함께 4세 아동 600명을 대상으로 마시멜로 실험을 하였습니다. 미셸박사는 아이들이 좋아하는 맛있는 마시멜로를 하나씩 나누어주고 다음과 같이 말했습니다.

"자, 여러분 앞에 마시멜로가 하나 있습니다. 그 마시멜로를 지금 당장 먹어도 괜찮아요. 그런데 선생님이 밖에 나갔다가 돌아올 때까지 먹지 않고 기다리면 하나 더 줄 거예요."

미셸박사가 방에서 나가고 15분이 지나는 동안, 아이들은 기다리는 아이들과 그렇지 못한 아이들로 나누어졌습니다. 아이들 중 1/3은 마시멜로를 바로 먹어버렸고, 나머지 2/3의 아이들은 먹고 싶은 마음을 참고 기다렸습니다. 먹고 싶은 마음을 참는 아이들의 모습은 아주 다양했습니다. 어떤 아이는 눈을 가리거나 머리를 팔에 대고 엎드려 있었고, 어떤 아이는 벽 쪽으로 돌아앉아 눈을 감고 있었으며, 노래를 부르거나 손장난을 치는 아이, 식탁 밑으로 들어가는 아이, 또 시간이 빨리 가기를 바라며 잠을 청하는 아이도 있었습니다.

15년 후에 다시 실험에 참여했던 아이들을 조사한 결과 마시멜로를 안 먹고 참았던 아이들이 대학입학시험에서 높은 성적을 받았으며 친구들과의 관계도 좋았다고 합니다. 이후 실험에 참가한 사람들이 40대가 넘었을 때도 마시멜로를 안 먹고 참았던 아이들이 더 많은 재산을 소유하였고, 행복한 결혼생활을 하고 있었다고 합니다.

이것이 유명한 마시멜로 실험입니다. 이 실험을 통해 우리는 눈앞의 순간적인 욕구를 참아내는 능력인 행동통제력이 높고, 자신의 목표를 위해 다른데 한 눈 팔지 않고 한 가지 일에 온 정신을 쏟아붓는 능력인 집중력이 높은 사람이 미래에 더 큰 행복을 얻을 수 있다는 것을 알 수 있습니다.

---

1) 미셸박사는 몇 살 아이들에게 이 실험을 했나요?   (4세   )

2) 지금 들었던 이야기에 어떤 제목을 붙여 볼 수 있을까요?   (마시멜로 실험   )

3) 실험에 참여했던 전체 아이들 중 몇 분의 몇이나 되는 아이들이 참지 못하고 마시멜로를 허겁지겁 먹어 치웠나요? (3분의 1   )

4) 다음의 뜻을 가진 단어는 무엇인가요?

  ① 행동통제력 : 순간의 욕구를 참아내고 행동을 다 잡는다.

  ②   집중력   : 다른 데 한 눈 팔지 않고, 한 가지 일에 온 힘, 온 정신을 쏟아 붓는다.

 이번에는 이야기를 다시 들은 후, 중심내용을 정리해서 써 보세요.

눈앞의 순간의 욕구를 참아내고, 자신의 목표를 위해서 온 정신을 집중하여 노력하는 사람이 미래에 더 좋은 결과를 얻을 수 있다.

모듈 2.7

이야기 듣고 답하기

활동 2   이야기를 두 번 듣고, 다음 질문에 답해 보세요.

 [듣기 자료 2]

앞으로는 '제주 감귤' '경북 포도'와 같이 대표적인 산지와 농산물을 연결 짓는 말이 사라질 것으로 보인다. 우리나라 기온이 크게 오르면서 농작물 재배 한계(농작물이 여러 환경조건의 제약을 받아 나타나는 재배할 수 있는 한정된 지역)선이 북쪽으로 점차 올라가는 등 재배지역이 바뀌고 있기 때문이다.

13일 농촌진흥청과 통계청에 따르면 국내 대표적인 아열대* 작물로 제주도에서만 생산됐던 감귤 재배지가 전남, 경남 등 북쪽 내륙으로 이동하고 있다. 전남은 2000년대 들어 감귤을 새로운 특화작물로 정하고 재배면적을 확대하고 있다.

포도와 사과 재배지역도 점차 바뀌고 있다. 포도 주산지인 경북의 포도 재배면적은 지난해 8306ha로, 1998년(1만3703ha)보다 39.4% 크게 줄었다. 반면 경북보다 서늘한 강원도 포도 재배면적은 1990년대 100ha 내외에서 2008년에는 371ha까지 확대됐다.

대표적인 온대 과일인 사과는 기온이 오른 탓에 재배면적이 감소하고 있다. 우리나라 전체 사과 재배면적은 1990년대 중반까지 5만ha를 유지하다가 최근 3만ha대로 떨어졌다. 특히 사과 주산지인 경북은 1992년 3만6355ha로 역대 최고치에서 지난해 1만9024ha로 절반으로 줄었다.

재배지역과 면적의 이런 변화는 온난화로 인해 한반도의 기후가 온대에서 아열대로 바뀌고 있기 때문이다. 기상청은 2070년에는 일부 고산지대를 제외한 한반도 대부분 지역이 아열대 기후가 될 것으로 내다보고 있다.

통계청 관계자는 "온난화에 대응해 지역별로 재배하는 작물의 종류를 바꾸는 일이 필요하다"면서 "기후가 변화해도 기존에 기르던 품종을 여전히 재배할 수 있는 새로운 기술을 개발하는 한편, 아열대 품종을 국내에 도입하기 위한 방안도 마련해야한다"고 말했다.

---

* 아열대: 열대와 온대의 중간 정도의 기후. 월 평균기온이 섭씨 10도 이상인 달이 한 해 8개월 이상이고 가장 추운 달 평균기온이 18도 이하인 기후를 말한다.

(어린이 동아, 2012)

이야기를 두 번 듣고, 다음 질문에 답해 보세요.

1) 이야기 내용에서 우리나라 기온이 크게 높아져 농작물 재배 한계선이 올라가면서 대표적인 산지와 농산물을 연결하는 말이 사라질 것으로 보았다. 농작물 재배 한계선은 어느 쪽으로 올라간다고 보도했나요? (북쪽   )

2) 다음 (   )를 채워 문장을 완성하세요.

① 제주 감귤이 앞으로는 경남, (전남   ) 특화작물로 확대되어 질 것이다.

② 온대 과일인 (사과)는 우리나라가 지구 온난화로 인해 (아열대   ) 기후로 변화하면서 재배 면적이 줄고 있다.

3) 통계청 관계자가 지구 온난화로 인해 아열대 기후로 변화되는 상황에서 농작물 재배에 대한 대책을 제시하였다. 관계자가 제시한 방안이 무엇인지 쓰세요.

지역별로 재배하는 작물의 종류를 바꾸는 일이 필요. 기후가 변화해도 기존에 기르던 품종을 여전히 재배할 수 있는 새로운 기술을 개발하는 한편, 아열대 품종을 국내에 도입하기 위한 방안도 마련.

 이번에는 이야기를 다시 들은 후, 중심내용을 정리해서 써 보세요.

앞으로는 지구 온난화로 인해 농작물 재배 한계선이 북쪽으로 이동함에 따라 '제주 감귤', '경북 포도'와 같이 대표적인 산지와 농산물을 연결짓는 말이 사라질 것으로 보인다.
따라서, 지구 온난화로 인해 아열대 기후로 변화되는 상황에 대비하여 농작물 재배에 대한 방안을 마련해야 한다.

모듈 2.8

청각적 주의집중력 점검하기

준비물	소요시간
학생용 활동지 1(청각적 주의집중력 점검표)	20분

활동내용

■ 점검활동 [활동 1]

① [학생용 활동지 1]을 나누어 준다.

② 체크리스트 문항을 확인하고 자기 스스로 생각하는 점수에 표시하도록 한다. (자기점검)

③ 집중력 활동을 한 후 느낀 점을 적어보도록 한다.

④ 짝을 정해 짝과 활동지를 바꿔 짝의 점수는 4점 만점에 몇 점인지 점수를 매겨 주도록 한다.

⑤ 왜 그 점수를 매겼는지 짝과 이야기를 나누어 보도록 한다.

⑥ 활동 후 느낀 점을 말해보도록 한다. 그리고 오늘 수업시간에 칭찬하고 싶은 점을 서로에게 하나씩 말해보도록 하고 수업을 마무리 한다.

모듈 2.8

청각적 주의집중력 점검하기

활동 2   그동안 배웠던 내용을 점검해 볼까요?

연번	질문	전혀 아니다 1	아니다 2	그렇다 3	매우 그렇다 4	친구 점수 /4
1	청각적 주의집중력이 무엇인지 잘 이해했나요?	1	2	3	4	/4
2	공부할 때, 청각적 주의집중력이 왜 필요한지 잘 알게 되었나요?	1	2	3	4	/4
3	청각적 주의집중력 전략을 익힌 후, 다른 사람의 얘기를 잘 듣고 그 내용을 잘 이해하게 되었나요?	1	2	3	4	/4
4	앞으로 수업시간에 수업내용을 집중해서 잘 들을 자신이 생겼나요?	1	2	3	4	/4
5	청각적 주의집중력 관리방법에는 무엇이 있나요? ① ② ③ ④	맞은 개수	(/4개)			
칭찬 하기	🎁 친구가 칭찬하기	🎁 나에게 칭찬하기				

시각적 주의집중력

시각적 주의집중력

◉ 시각적 주의집중력이란 시각적 자극을 알아차리고 필요한 것들만 기억할 수 있도록 선별적으로 주의를 집중하는 능력이다. 학교 수업에서 교과서, 칠판에 판서된 글씨, 온라인 수업자료 등 시각적 자료를 주로 사용하기 때문에 학습에 있어 '시각적 자극'에 주의를 기울이는 '시각적 주의집중력'은 중요한 능력이다.

◉ 제3장은 시각적 주의집중력의 의미를 이해하고, 시각적 주의집중력을 향상시키기 위한 다양한 전략들을 실제 익힐 수 있는 활동으로 구성되어 있다.

◉ 제3장은 시각적 주의집중력의 가장 기초단계부터 높은 단계까지 수준별 활동으로 구성되어 있다. 학생의 시각적 주의집중력 수준에 맞추어 각 모듈의 활동들을 선택하여 수업을 구성할 수 있다. 이때, 같은 수준의 여러 활동을 반복적으로 연습하도록 하는 것이 시각적 주의집중력 향상에 효과적이다. 특히 주의를 기울여 보는 능력이 부족한 학생들에게 단계별로 적용하여 연습시키면 좋을 것이다.

목표

◉ 시각적 주의집중력이 무엇인지 알고, 공부할 때 왜 필요한지 이해할 수 있다.
◉ 시각적 주의집중력이 좋아지는 여러 가지 방법을 사용할 수 있다.

준비물

◉ 교사용 지도안 및 활동지, 학생용 활동지
◉ 수업용 PPT, 타이머

모듈 3.1
시각적 주의집중력이란 무엇일까?

준비물	소요시간
수업용 PPT, 학생용 활동지 1	20분

활동내용

■ 시각적 주의집중력은 무엇인가?

① 시각적 주의집중력에 대한 개념을 설명한다.

 "시각적 주의집중력이란 오감 중 '시각'에 주의를 집중하여 지시에 따라 활동을 실행하는 능력이다."

② 시각적 주의집중력이 부족할 때 생기는 일상생활에서의 어려움을 생각해보도록 한 후, 어떤 상황들이 있었는지 발표해 보도록 한다.

  (예: 평소 찾는 물건을 바로 앞에 두고도 찾지 못한 경우. 양말을 짝이 맞지 않게 신는 경우, 물건을 자주 밟고 지나가는 경우 등)

③ 이러한 상황들을 떠올리면서 일상 생활 뿐 아니라 공부할 때도 시각적 주의집중력이 중요하다는 것을 인식할 수 있도록 한다.

  (예: 시험 칠 때 지시문을 잘못 읽고 틀린 경우, 책을 읽고 내용을 잘 파악하지 못하고 기억하지 못하는 경우 등)

④ 수업용 PPT에 있는 시각적 주의집중력 전략을 설명하고 학생들에게 [활동 1]을 작성하도록 한다. 활동지를 작성한 후 다 함께 시각적 주의집중력 전략을 큰소리로 읽도록 한다.

모듈 3.1

시각적 주의집중력이란 무엇일까?

활동 1 다음 ( )안에 알맞은 말을 채워보세요.

---

1. 시각적 주의집중력의 의미는?

(시각적) 자극을 알아채고 필요한 것들만 기억할 수 있도록 선별적으로 주의를 집중하는 능력을 말한다.

2. 시각적 주의집중력이 부족하면 어떤 어려움이 있을까요?

(여러분의 경험을 적어도 괜찮습니다.)

찾는 물건을 바로 앞에 두고도 찾지 못한다. 양말을 짝짝이로 신는다. 물건을 자주 밟고 지나간다. 책을 읽을 때 내용 파악을 잘못하거나 기억을 못하는 경우, 시험문제를 풀 때 지시문을 잘 못 읽고 틀린 경우 등 학생들이 일상생활에서 겪었던 어려움을 바탕으로 내용을 적어보게 함.

3. 시각적 주의집중력은 연습을 통해서 향상될 수 있다! (○ , X)

4. 시각적 주의집중력 실천전략! (다음 ( )를 채워 문장을 완성하세요.)

"한 가지에만 집중하라 ! 어디에 ? (보는 것) ! "

① (눈)을 크게 뜨고 (지시사항에 따라 시각적 자극에 초점)을 두고 선택적으로 보기

　같은 점, 다른 점 등을 눈을 크게 뜨고 비교하면서 선택적으로 보기

② 항상 자신에게 스스로 (질문)을 하기

　" OO 야! 지금 집중해서 수업을 잘 보고 있는 거니?"

③ 지시사항에 따라 행동을 한 후 제대로 했는지 확인하고 점검하기

　"어떻게 했지?"

④ 나 스스로에게 칭찬과 용기를 주기

　"보는 것에 잘 집중했네. 정~말 잘했어!!!" "실수해도 괜찮아! 다음에 더 선택적으로 잘 보도록 노력하자!"

모듈 3.2

서로 다른 부분 찾기

준비물	주의점	소요시간
수업용 PPT, 학생용 활동지 1, 2	이 활동은 눈으로 주의를 기울여서 다른 그림을 정확히 찾는 활동이다. 학생들이 얼마나 집중해서 그림을 보는지 관찰하면서 활동을 진행하도록 한다.	20분

활동내용

■ 서로 다른 부분 찾기 1 [활동 1]

① [학생용 활동지 1]을 나누어 준다.

② PPT로 서로 비슷한 그림을 보여주고, 활동지에 다른 부분을 5군데 찾아 표시해 보도록 한다.

③ 5군데 다른 부분 (해 입모양, 배, 물고기 색깔, 해변의 물고기 모양, 줄무늬 물고기 수)을 가장 빨리 찾은 학생에게 사물을 주의 깊게 잘 보는 것 같다고 칭찬해 준다.

④ PPT로 정답을 보여주면서 몇 개를 맞추었는지 확인해 보도록 한다.

■ 서로 다른 부분 찾기 2 [활동 2]

① [학생용 활동지 2]를 나누어 준다.

② PPT로 (가)와 (나)의 그림을 보여주고 활동지에 서로 다른 부분을 찾아 표시해 보도록 한다. 서로 다른 곳은 모두 13개이다.

③ 어떤 부분이 구체적으로 어떻게 다른지에 대해서 짝과 서로 이야기를 나누어 보도록 한다. 이후 PPT로 정답을 보여주면서 13군데 다른 곳을 찾았는지 확인한다.

④ 서로 다른 부분 찾기 활동을 하면서 13개를 다 찾은 학생에게 사물을 정확히 보고 눈으로 비교 분석을 잘하는 학생이라고 칭찬해주고 간단한 보상을 한다. 활동을 하면서 느낀 점을 발표를 해 보도록 한다.

모듈 3.2

서로 다른 부분 찾기

-무엇이 다를까요? 1

활동 1

다음 두 그림을 보고 서로 다른 부분을 찾아보세요. [힌트 5개]

활동 2

-무엇이 다를까요? 2

다음 두 그림을 보고 서로 다른 부분을 찾아보세요. [힌트 없음]

가

			◉					♠
33			$\frac{2}{3}$			①		
	▲		■		☎			♡
▨								
	♪		19				♦	
	▦			♨				
						½		★
	Ⓚ		⑥			♠		
			↗	※				⇔
$\frac{1}{8}$		☆			♫			§

나

♠			◉					♠
31			$\frac{2}{3}$			①		
	▲		◎	■				
▨								♡
	♪		19		☎			★
	▦	◼		♨				
						$\frac{1}{3}$		◈
Ⓚ			⑨			♤		
	△		↙	※				▢
$\frac{1}{8}$		☆			♪			§

모듈 3.3

숨은 글자 찾기

준비물	주의점	소요시간
수업용 PPT, 학생용 활동지 1, 2, 3	이 활동은 주의를 기울여 글자를 정확히 찾는 활동이다. 학생들이 얼마나 주의깊게 글자를 보는지를 관찰하면서 활동을 진행하도록 한다.	20분

활동내용

■ 숨은 글자 찾기 1 [활동 1]

① [학생용 활동지 1]을 나누어 준다.

② 활동지에서 교사가 불러주는 단어를 찾는 활동이다.

③ "선생님의 말을 듣고 불러주는 단어를 글자판에서 찾는 활동이에요. 지금부터 잘 듣고 글자를 찾아보세요." 라고 지시를 하고, '추석, 여우, 수영, 교사용, 토마토, 안경, 참외, 인사' 를 차례로 불러준다.

④ 수업용 PPT를 보면서 답을 확인한다.

■ 숨은 글자 찾기 1 [활동 2]

① [학생용 활동지 2]를 나누어 준다.

② 활동지에서 숨어 있는 과일 단어를 찾아서 표시하는 활동이다.

③ "활동지의 글자판에는 과일 이름이 숨어 있답니다. 지금부터 글자판을 잘 보고 숨어있는 과일 이름을 찾아보세요." 라고 지시를 하고 제한시간 2분을 준다.

② 수업용 PPT를 보면서 정답(체리, 파인애플, 수박, 블루베리, 복숭아, 포도, 참외, 오렌지, 토마토, 딸기, 망고, 자두, 자몽, 레몬, 키위)을 확인한다.

활동내용

■ 숨은 글자 찾기 3 [활동 3]

① [학생용 활동지 3]을 나누어 주고 '보기'와 같은 글자를 찾아 표시하도록 한다.

② 수업용 PPT를 보면서 정답을 확인한다.

③ 3가지 글자 찾기 활동에서 정답을 모두 맞춘 학생은 손을 들어보라고 한다. 학생에게 글씨를 정확히 보고 눈으로 변별을 잘하는 학생이라고 칭찬해주고 간단한 보상을 한다.

④ 3가지 숨은 글자 찾기 활동을 한 후 주의 깊게 보는 활동을 하면서 어떤 느낌이 들었는지 발표해 보도록 한다.

모듈 3.3

숨은 글자 찾기

활동 1 다음 글자판을 보고 숨어 있는 단어를 모두 찾아보세요. [힌트 없음]

아	추	석	후	수	정	이	야
육	사	식	아	영	자	신	차
교	사	용	안	카	커	여	우
시	랑	파	여	토	마	토	쿤
니	펑	셩	안	경	라	투	하
아	형	커	양	홍	방	참	외
카	인	사	휴	포	령	상	김
메	자	트	몬	토	손	구	차

활동 2 다음 글자판에는 과일이름이 숨어 있어요. 꼭꼭 숨어 있는 과일을 모두 찾아서 맛있게 먹어볼까요? [힌트 없음]

시	체	리	각	나	지	랑	교	수	남	멋	시	이	르	고
중	오	집	파	양	용	찾	수	박	카	먹	블	향	사	랑
씨	과	란	인	고	샘	노	시	난	코	코	짜	루	출	시
포	습	아	애	오	에	요	다	복	숭	아	공	양	베	간
자	타	하	플	엑	우	외	차	체	코	트	참	사	험	리
구	침	고	회	의	요	포	도	민	범	파	바	나	과	참
엉	참	외	최	성	복	윤	솔	이	멍	총	이	잠	실	례
경	고	학	도	포	오	몽	라	피	로	자	놈	하	주	로
대	밎	토	앙	카	렌	이	우	아	니	예	몽	과	오	치
은	행	티	마	호	지	타	니	리	첨	고	돌	파	외	바
최	오	앙	두	토	하	높	락	파	는	레	몬	이	니	사
이	까	딸	고	마	늘	찌	회	각	파	짜	라	비	인	군
초	상	린	기	칼	포	다	루	자	두	망	증	나	키	포
과	휘	고	효	망	고	교	수	님	멋	쟁	이	나	라	위
력	파	기	부	인	이	효	용	업	고	니	관	략	대	차

활동 3 다음 보기를 보고 같은 것을 찾아 ◯표 하세요.

 보기: 100975423

① 109975423   ② 100985423   ③ 100975422

④ 100975423   ⑤ 100875423

 보기: 보느우사라코

① 보느우사라오   ② 보노우사라코   ③ 보느우사라코

④ 브느우사라코   ⑤ 보느오사라코

 보기: eark

① earl   ② eerk   ③ eart

④ eark   ⑤ eakr

모듈 3.4

숨은 그림 찾기

준비물	주의점	소요시간
수업용 PPT, 학생용 활동지 1, 2	이 활동은 주의를 기울여 숨은 그림을 정확히 찾는 활동이다. 학생들이 얼마나 잘 집중해서 그림을 변별할 수 있는지 관찰하면서 활동을 진행하도록 한다.	20분

활동내용

■ 숨은 그림 찾기 1 [활동 1]

① [학생용 활동지 1]을 나누어 준다.

② "여러분 평소에 숨은 그림 찾기 활동해보셨죠? 지금부터 활동지에 숨어 있는 그림(안경, 국자, 포크, 깔때기, 물고기, 낚싯바늘, 종이배)을 찾아서 동그라미를 치세요." 라고 지시를 하고 제한시간 1분 30초를 준다.

③ 학생들이 다 찾고 나면, 숨겨져 있는 그림이 어느 위치에 있는지 설명해 보라고 한다. 그 후 PPT를 보여주면서 정답을 확인해 보도록 한다.

■ 숨은 그림 찾기 2 [활동 2]

① [학생용 활동지 2]를 나누어 준다.

② 지금부터 활동지에 숨어 있는 그림(국자, 돛단배, 별, 사람얼굴, 식칼)을 찾아서 동그라미를 치세요." 라고 지시를 하고 제한시간 1분을 준다.

③ 학생들이 숨은 그림을 다 찾고 나면, 숨은 그림이 어느 위치에 있는지 설명해 보라고 한다. 그 후 PPT를 보여주면서 정답을 확인해 보도록 한다.

④ 2가지 숨은 그림 찾기 활동에서 정답을 모두 맞춘 학생은 손을 들어보라고 한다. 학생에게 그림을 정확히 관찰하고 눈으로 변별을 잘하는 학생이라고 칭찬해주고 간단한 보상을 한다.

⑤ 학생들에게 숨은 그림 찾기를 하면서 시각적으로 집중을 해보는 경험을 통해서 어떤 느낌이 들었는지 발표해 보도록 한다.

모듈 3.4

숨은 그림 찾기

활동1 다음 그림 속에 숨어있는 그림을 찾아 ◌표 하세요.

(안경, 국자, 포크, 깔때기, 물고기, 낚싯바늘, 종이배)

활동2 다음 그림 속에 숨어있는 그림을 찾아 ◌표 하세요.

(국자, 돛단배, 별, 사람얼굴, 식칼)

모듈 3.5

거울 그림 그리기

준비물	주의점	소요시간
수업용 PPT, 학생용 활동지 1, 2	왼쪽에 있는 그림을 보고, 오른쪽 면을 거울이라 생각하고 거울에 비친 그림을 그려보게 하는 활동이다. 활동을 할 때 어려워하는 학생은 없는지 잘 관찰하면서 진행하도록 한다.	20분

활동내용

■ **거울 그림 그리기 [활동 1], [활동 2]**

① 칠판에 ←를 그린다. "여러분 만약 칠판에 방금 그린 화살표를 거울로 본다면 어떻게 보일까요?"라고 물어본다. 학생들의 대답에 따라 거울에 비친 화살표를 그린다.

거울 그림은 기준 축을 중심으로 접으면 도형이 똑같이 접힌다는 설명을 한다.

② 학생들에게 [학생용 활동지 1]을 나누어 준다.

③ "여러분 지금부터 활동지 안의 왼쪽 그림을 보고, 오른쪽 면이 거울이라 생각하고 거울에 비친 그림을 그릴 거예요. 지금부터 활동지에 거울 그림을 그려봅시다." 라고 설명한다,

③ 활동을 잘 수행하는 학생과 그렇지 못한 학생이 누구인지 살펴본다. 수행을 잘 하지 못하거나 이해하지 못한 학생들은 교사가 직접 가서 함께 활동을 하여 이해하도록 돕는다.

④ 수행이 끝나면 수업용 PPT를 보고 제대로 그렸는지 스스로 점검해 보도록 한다.

⑤ 학생들에게 [학생용 활동지 2]를 나누어 준다. (활동 1)과 같은 방식으로 진행한다.

⑥ 2가지 거울 그림 그리기 활동에서 정답을 모두 맞춘 학생은 손을 들어보라고 한다. 학생에게 그림을 정확히 관찰하고 거울 반대쪽 그림을 사고하여 공간적인 표현을 잘 하는 학생이라고 칭찬해주고 간단한 보상을 한다.

⑦ 학생들에게 거울 그림 그리기를 하면서 시각적으로 집중을 해보는 경험을 통해서 어떤 느낌이 들었는지 발표해 보도록 한다.

활동내용

■ 거울 놀이

① 학생들에게 두 명씩 짝이 되어 서로 가위, 바위, 보를 하게 한 후 이긴 학생에게 손을 들어보라고 한다. 이긴 학생은 자신이 마음대로 움직이면 되고, 진 학생은 이긴 학생의 행동을 보고 거울이 되어 그대로 따라 움직여야 한다고 설명한다.

② 모두 자리에 일어서서 2분 동안 거울 놀이 활동을 해보도록 한다.

③ 서로 역할을 바꾸어서 2분 동안 거울 놀이를 해보도록 한다.

④ 활동을 끝내고 서로의 행동에 시각적으로 집중해서 따라한 후 느낌이 어땠는지 이야기를 나누어 보도록 한다.

모듈 3.5

거울 그림 그리기

활동 1   왼쪽 그림을 보고, 거울에 반사된 그림을 오른쪽 칸에 그려보세요.

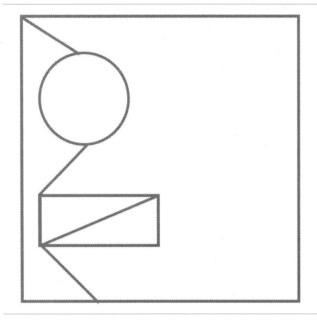

활동 2   왼쪽 글자를 보고, 거울에 반사된 글자를 오른쪽 칸에 적어보세요.

모듈 3.6

패턴 인식하기 · 패턴 기억하기

준비물	주의점	소요시간
수업용 PPT, 학생용 활동지 1, 2	제시된 기호의 순서와 규칙을 인식하여 다음에 나올 두 가지 기호나 숫자를 예측해 보는 활동이다. 활동을 할 때 어려워하는 학생은 없는지 잘 관찰하면서 진행하도록 한다.	20분

활동내용

■ 패턴 인식하기 [활동 1]

① [학생용 활동지 1]을 나누어 준다.

② "여러분 [학생용 활동지 1]에 제시된 기호와 숫자에는 순서와 규칙이 있습니다."라고 알려준다.

③ 제시된 기호와 숫자 뒤에 나올 두 가지 항목을 예측하여 써 보도록 한다.

④ 과제를 잘 수행하는 학생과 그렇지 못한 학생이 누구인지 살펴본다. 수행을 잘 하지 못하거나 이해하지 못한 학생들은 교사가 직접 가서 함께 활동을 하여 이해하도록 돕는다.

⑤ 활동을 끝내고 수업용 PPT로 정답을 보여준 후 정답을 모두 맞춘 학생은 손을 들어보라고 한다. 학생에게 그림을 정확히 관찰하고 규칙 유추를 잘 하는 학생이라고 칭찬해주고 간단한 보상을 한다.

⑥ 시각적으로 집중을 해보는 경험을 통해서 어떤 느낌이 들었고, 어떤 방식으로 완성을 하였는지 학생들에게 발표를 하도록 한다.

■ 패턴 기억하기 [활동 2]

① 수업용 PPT로 지도를 보여주면서 A지점에서 B지점으로 가는 코스인 붉은 선을 눈으로 기억하라고 한다. 30초간 보여준 후 지도를 보여주지 않는다.

② [학생용 활동지 2]를 나누어 준다.

③ 눈으로 집중해서 보았던 A지점에서 B지점으로 가는 코스의 방향과 거리 이름을 떠올리면서 30초간 지도에 표시해보라고 한다.

④ 활동을 끝내고 수업용 PPT에 지도를 다시 보여준 후, 정확하게 지도를 완성한 학생은 손을 들어보라고 한다. 학생에게 그림을 정확히 관찰하고 방향을 정확히 기억하는 학생이라고 칭찬해주고 간단한 보상을 한다.

⑤ 학생에게 어떤 방식으로 눈으로 집중을 하여 지도를 완성하였는지 발표를 하도록 한다.

모듈 3.6

패턴 인식하기 · 패턴 기억하기

활동 1　다음에 제시된 기호, 글자, 숫자를 보고 그 뒤에 올 두 가지가 무엇인지 적어보세요.

□▲□□▲□□□□▲□□□□□	□▲
1 3 5 7 9 11 13 15	17 19
◀◀▶▶◀◀◀▶▶▶◀◀◀▶▶	▶▶
1 1 2 3 3 4 5 5 6 7 7 8	8 8
가 나 가 나 다 가 나 다 라 가 나 다 라 마	가 나
1 1 1 2 2 4 3 3 9 4 4 16 5 5 25	6 6
☞☞☞☞☞☞☞↑↓☞☞☞☞☞☞↑↓	☞☞
가 나 ▲ 다 라 ▲ 마	바 ▲
1 5 9 13 17 21	25 29

활동 2 아래 지도를 보고 화살표로 표시된 A지점에서 B지점으로 가는 코스를 기억하세요. 그리고 길의 방향과 거리 이름 등을 떠올리면서 기억한 코스를 다음 지도에 표시해 보세요.

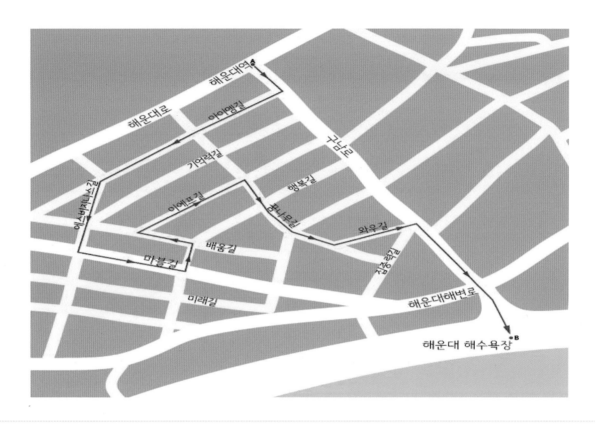

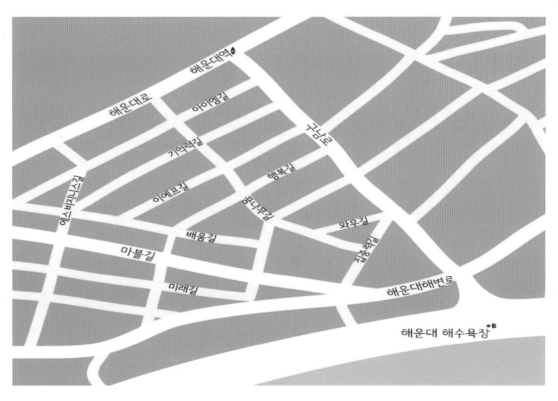

모듈 3.7

이야기 읽고 답하기

준비물	주의점	소요시간
수업용 PPT, 타이머, 학생용 활동지 1, 2	주어진 이야기를 읽고 질문의 내용에 맞게 답해 보는 활동이다. 이 활동은 중요한 것과 중요하지 않은 것을 구별할 줄 아는 시각적 주의집중력 뿐만 아니라, 글의 중심내용 파악 능력도 함께 향상시킬 수 있으므로 여러차례 훈련하도록 한다.	20분

활동내용

■ 이야기 읽고 답하기 [활동 1], [활동 2]

① [학생용 활동지 1]을 나누어 준다.

② 활동지를 읽고 질문의 내용에 맞게 답을 작성해 보라고 한다. 제한 시간 2분을 둔다.

③ 이야기의 내용에 맞게 제목을 어떻게 붙였는지 학생 모두에게 발표해 보도록 한다.

④ 수업용 PPT를 보고 함께 정답을 확인해 보도록 한다.

⑤ 정답을 다 맞힌 학생은 손을 들어보라고 한다. 학생에게 글의 질문을 정확히 파악하고 질문에 따라 글의 내용을 정확히 구별하는 학생이라고 칭찬해주고 간단한 보상을 한다.

⑥ 학생에게 어떤 방식으로 눈으로 집중을 하여 정답을 맞췄는지 발표를 하도록 한다.

⑦ [학생용 활동지 2]를 나누어 준 후, 위 순서에 따라 그대로 진행한다.

모듈 3.7

이야기 읽고 답하기

 활동1 다음 글을 읽고 질문에 답하세요.

한강, 낙동강 등 주요 상수원(먹는 물의 원천지)에 녹조현상이 확대되고 있다. 녹조현상은 하천 등에 녹조류(광합성 하는 녹색의 조류)가 크게 늘어 물빛이 초록색으로 변하는 것이다.

지난 8월 3일 경기 팔당댐 취수원(수돗물을 가져오는 근원지)에서 발생한 녹조현상은 7일 서울 한남대교까지 내려왔다. 또 낙동강 녹조는 대구와 경북 고령 일대에 이어 8월 7일에는 상류지역인 구미까지 확산된 것으로 확인됐다.

이번 녹조현상은 전국적인 폭염과 강수량 부족으로 물의 온도가 높아지면서 남조류의 일종인'아나베나'가 극심하게 번식하면서 나타났다.

(어린이 동아, 2012.8.9.)

1) 이 글에서 '녹조'는 몇 번 나오는가? (　　6번　　)

2) 이 글의 제목을 붙여보세요. (확대되는 녹조현상)

3) 녹조현상과 가장 관련 없는 것을 고르시오.

① 녹조류 ② 강수량 부족 ③ 폭설 ④ 폭염

활동 2   다음 글을 읽고 질문에 답하세요.

우리 조상은 꽃을 눈으로도 즐기고 입으로도 즐겼습니다. 삼짇날이 되면 진달래 꽃잎을 넣고 찹쌀가루를 둥글납작하게 부쳐서 만든 진달래 화전을 먹었습니다. 오늘날의 프라이팬이라고 할 수 있는 번철을 돌 위에 올리고 그 아래에 불을 피워 화전을 부쳤습니다. 번철 대신 솥뚜껑을 쓰기도 하였습니다.

삼짇날에는 진달래 화채도 만들어 먹었습니다. 진달래 꽃잎을 녹말가루에 묻혀 살짝 튀긴 뒤, 설탕이나 꿀을 넣어 달게 담근 오미자 즙에 띄워 먹었습니다.

진달래와 비슷한 철쭉꽃은 먹을 수 없는 꽃이라서 '개꽃'이라고 하였지만, 진달래는 먹을 수 있는 꽃이라 '참꽃'이라 불렀습니다. 진달래뿐만 아니라 벚꽃, 배꽃, 매화로도 화전을 만들어 먹었습니다.

(교육부, 2014)

1) 이 글에서 '꽃'은 몇 번 나오는가?   (10번   )

2) 이 글의 제목을 붙여보세요.   (먹을 수 있는 꽃 요리)

3) 녹조현상과 가장 관련 없는 것을 고르시오.

① 진달래 꽃   ② 벚꽃   ③ 철쭉꽃   ④ 매화

모듈 3.8

시각적 주의집중력 점검하기

준비물	소요시간
학생용 활동지 1(시각적 주의집중력 점검표)	20분

활동내용

■ 시각적 주의집중력 점검하기 [활동 1]

① [학생용 활동지 1]을 나누어 준다.

② 체크리스트 문항을 확인하고 자기 스스로 생각하는 점수에 표시하도록 한다. (자기점검)

③ 시각적 주의집중력 활동을 한 후 느낀 점을 적어보도록 한다.

④ 짝을 정해 짝과 활동지를 바꿔 짝의 점수는 4점 만점에 몇 점인지 점수를 매겨 주도록 한다.

⑤ 왜 그 점수를 매겼는지 짝과 이야기를 나누어 보도록 한다.

⑥ 활동 후 느낀 점을 말해보록 한다. 그리고 오늘 수업시간에 칭찬하고 싶은 점을 서로에게 하나
   씩 말해보도록 하고 수업을 마무리 한다.

모듈 3.8

시각적 주의집중력 점검하기

활동 1 그동안 배웠던 내용을 점검해 볼까요?

연번	질문	전혀 아니다 1	아니다 2	그렇다 3	매우 그렇다 4	친구 점수 /4
1	시각적 주의집중력이 무엇인지 잘 이해했나요?	1	2	3	4	/4
2	공부할 때, 시각적 주의집중력이 왜 필요한지 잘 알게 되었나요?	1	2	3	4	/4
3	시각적 주의집중력 연습을 통해 주의깊게 보고 집중하는 방법을 알게 되었나요?	1	2	3	4	/4
4	앞으로 수업시간에 수업자료를 주의깊게 보고 집중할 자신이 있나요?	1	2	3	4	/4
5	시각적 주의집중력 관리방법에는 무엇이 있나요? ① ② ③ ④	맞은 개수	(/4개)			
칭찬 하기	♥ 친구가 칭찬하기	♥ 나에게 칭찬하기				

학습 주의집중력

CHAPTER 04

학습 주의집중력

- 학습 주의집중력은 듣기, 읽기, 노트 필기하기, 기억하기, 시험치기 등의 학습활동을 하는데 있어서 매우 중요한 역할을 한다. 주의집중력이 부족하면, 금방 마칠 수 있는 공부도 오랫동안 붙들고 있게 되고 공부 중에 멍하게 딴생각을 하거나, 방금 전에 공부한 것을 기억하지 못하고 한 자리에 오래 앉아 있지 못한다.
- 제4장은 주의집중력 관리방법을 학습장면에서 적용할 수 있도록 학생들이 수업의 전 과정에서 주의집중력을 최대한 발휘할 수 있는 방법들로 구성되어 있다. 학습능력을 향상시키는데 도움이 되도록, 청각 주의집중력과 시각 주의집중력을 통합적으로 발휘해 학습하는 방법을 훈련할 수 있는 활동으로 구성되어 있다.
- 제4장은 학생들이 지금까지 연습한 다양한 주의집중력 관리방법을 학습장면에 적용하고, 연습으로 향상된 주의집중력이 다양한 학습상황에서 전이되는 경험을 해 볼 수 있도록 하는 내용으로 구성되어 있다.

목표

- 수업장면에서 주의집중력 관리의 중요성을 이해할 수 있다.
- 집중해서 읽은 문단을 요약하여 정리할 수 있다.
- 주의집중을 해서 보고 들은 내용을 생각하여 표현할 수 있다.

준비물

- 교사용 지도안 및 활동지, 학생용 활동지, 수업용 PPT
- 색깔펜, 은혜 갚은 꿩 동영상 파일
- 타이머, A4용지

--- 모듈 4.1

수업에서 주의집중력 관리하기

준비물	소요시간
수업용 PPT, 학생용 활동지 1, 2	20분

활동내용

■ 수업 전-중-후 과정에서의 집중력 관리 [활동 1]

1. '수업 전' 집중할 수 있는 수업 환경과 수업태도 만들기

① [학생용 활동지 1]을 나누어 준다.

② "수업을 시작하기 전 수업시간에 집중할 수 있도록 하는 방법에는 무엇이 있을까?" 라고 질문을 한 후 그 내용을 [학생용 활동지 1]에 그림이나 글로 표현해 보도록 한다.
제한시간 3분을 준다.

③ 수업용 PPT를 보면서 수업 전 긍정적인 마음과 더불어 책상 위에 노트, 필기구, 교과서가 준비되어 있는지 확인하고, 지난시간에 배웠던 내용을 점검한다는 것을 함께 큰 소리로 읽어보게 한다.

2. '수업 중' 청각적 주의집중력 관리

 Tip

수업 중 교사의 지시사항을 올바르게 수행하려면 집중해서 끝까지 지시사항을 잘 듣는 청각적 주의집중력이 요구된다. 선생님이 하는 말에서 중요한 내용과 중요하지 않은 내용을 파악하여, 중요한 내용에 주의집중해서 듣는 것이 필요함을 학생들에게 인식시킨다.

① 수업 중 중요한 것을 알 수 있는 방법은 선생님의 말속에 있음을 알려준다.

② 수업 중 선생님이 강조하는 중요한 것을 파악할 수 있는 힌트는 무엇이 있는지 질문을 하고, 그 내용을 [학생용 활동지 1]에 그림이나 글로 표현해 보도록 한다. 제한시간 3분을 준다.

③ 수업용 PPT를 보면서 수업시간에 선생님이 강조하는 중요한 부분에 대한 힌트가 정리된 내용을 설명해 준다.

활동내용

3. '수업 중' 시각적 주의집중력 관리하기

 **Tip**

수업 중 눈을 크게 뜨고 봐야 할 내용들에 대해서 알려준다. 또한 중요내용을 시각적으로 집중해서 머릿속으로 체계화시키고 오랫동안 기억하기 위해서는, 필기가 중요하다는 것에 초점을 두어 설명하도록 한다.

① 수업 중 주요한 것을 알 수 있는 방법은 주로 보는 교과서에서 찾을 수 있거나 아니면 선생님께서 하시는 필기 속에 있음을 알려준다.

② 선생님이 강조하는 중요한 것을 파악할 수 있는 힌트는 무엇이 있는지 질문을 하고, 그 내용을 [학생용 활동지 1]에 그림이나 글로 표현해 보도록 한다. 제한 시간 3분을 준다.

③ 수업용 PPT를 보면서 수업 중에 눈을 크게 뜨고 봐야 할 내용들이 무엇이 있는지 설명해 준다.

④ 학생들에게 교과서를 읽을 때나 칠판의 판서내용을 보고 노트에 필기할 때 수업용 PPT에 설명된 접속어나 도표, 그림 등에 집중해서 봐야한다고 설명한다. 그리고 색깔펜을 이용하여 중요한 부분이나 강조할 부분이 눈에 띄게 표시를 해야 다음 복습할 때 집중할 곳을 쉽게 알 수 있다고 설명해준다.

4. '수업 후' 학습내용 관리

① 수업 중 배운 것을 잘 기억하기 위해서는 수업 후 학습내용을 다시 한 번 정리해두는 것에 있음을 알려준다.

② 수업 후에 학습한 내용을 잘 기억하기 위한 힌트는 무엇이 있는지 질문을 하고, 그 내용을 [학생용 활동지 1]에 그림이나 글로 표현해 보도록 한다. 제한시간 3분을 준다.

③ 수업 시간에 집중해서 배운 내용들을 잊어버리지 않게 하기 위해서는 눈으로 다시 한 번 복습을 하거나 중요한 내용들을 노트에 정리하는 것이 필요하다고 설명한다.

④ 수업용 PPT를 보고 수업 후 5분간 복습을 하는 것의 효과성에 대해서 설명한다.

활동내용

■ 나의 다짐 [활동 2]

① [학생용 활동지 2]를 나누어 준다.

② 앞에서 배운 수업 전·중·후 집중력 관리 활동들 중 내가 실천하고자 하는 것을 한 가지 선택하여 나의 다짐을 [학생용 활동지 2]에 완성해 보도록 한다. 제한시간 3분을 준다.

③ 완성된 나의 다짐을 다 함께 크게 읽어 보도록 한 뒤, 매일 실천하고 스스로 점검해 올 것을 약속하고 마무리한다.

 **Tip**   활용

교사가 매일매일 다짐을 실천하고 있는지 점검하고 확인 도장을 찍어주면 실천을 지속적으로 할 수 있는 동기가 강화될 것이다.

모듈 4.1

수업에서 주의집중력 관리하기

 수업을 들을 때, 집중이 잘 되게 하기 위해 무엇을 해야 할지 자유롭게 나의 생각을 써 보세요. (그림이나 표를 그려도 됩니다.)

수업 전	수업 중 (청각집중력 관리)
수업 전 수업태도와 집중할 수 있는 수업 환경을 준비하기	수업 중 청각적 집중력 관리하기

수업 전 수업태도와 집중할 수 있는 수업 환경을 준비하기

° 수업에 대한 긍정적인 마음 가지기
° 수업시간에 오늘 배울 내용을 간단하게 살펴보거나 지난시간에 배운 내용을 보면서 간략히 점검하기
° 수업 시작 전에 책상 위에 노트, 교과서, 필기구 등을 미리 챙겨놓고, 필요한 준비물을 챙겨 놓기

수업 중 청각적 집중력 관리하기

° 수업내용에만 귀를 선택적으로 집중하며 머릿속에서 내용을 연결지어서 들음 "중요한 것과 중요하지 않은 것을 구별해서 파악"
° 선생님에게 시선을 고정시키고, 눈을 마주치기
° 선생님의 말 속에 중요한 것이 다 있다.

수업 중 중요한 힌트
① 목소리를 변화시킬 때
② 칠판에 적을 때
③ 하나의 예를 들어 설명할 때
④ 같은 사항을 반복할 때
⑤ 어떤 공식이나 도표를 제시할 때 ~를 노트에 적기 바란다. ~ 중요한 점은 ~ 이다, ~는 중요한 것이다. ~ 는 꼭 기억해야 된다. 등등

수업 중 (시각집중력 관리)	수업 후

수업 중 시각적 집중력 관리하기

° 교과서의 내용 중 접속어, 반복되는 단어, 비슷하거나 다른 그림이나 도표 등 눈을 크게 뜨고 살펴보아야 함.
° 선생님께서 설명한 내용을 모두 필기하는 것이 아니라 중요한 내용만 필기함. 교과서에 중요한 내용이 있다면 색깔펜으로 표시를 하기

수업 후 5분간 복습 (≧집에서 1시간 복습)

° 노트 필기는 한 번 더 복습한다는 의미. 과목별로 정리하는 양식이 다르며 도표나 그림 등으로 이해하기 쉽게 정리해 두는 것도 효과적임.
° 수업 끝나고 수업시간에 배운 내용을 5분 동안 잠시 노트나 책을 훑어보기

활동 2   나의 다짐을 점검해 봅시다.

첫째, 공부를 시작할 때 나는 ＿＿＿＿＿＿ 집중하겠습니다.

```
0              5              10
|--------------|--------------|
```

둘째, 공부를 할 때 나는 ＿＿＿＿＿＿ 집중하겠습니다.

```
0              5              10
|--------------|--------------|
```

셋째, 공부가 끝난 후 나는 ＿＿＿＿＿＿ 집중하겠습니다.

```
0              5              10
|--------------|--------------|
```

년   월   일

성명   (인)

점검하기

요일						
나의 점검						
담임 확인						

모듈 4.2

집중해서 읽은 내용 정리하기

준비물	주의점	소요시간
수업용 PPT, 학생용 활동지	글의 내용을 문단에 따라 나누고 문단별로 중심내용을 작성하여 글의 전체 내용을 요약해보는 활동이다. 활동을 어려워하는 학생들이 없는지 주의깊게 관찰하도록 한다.	20분

활동내용

■ 집중해서 보고 읽은 내용 정리하기 [활동 1]

① [학생용 활동지 1]을 나누어 주고 먼저 글을 쭉 한번 읽어보라고 한다. 그 이후 전체내용을 이야기 해보도록 한다.

② 글을 문단별로 나누어 읽고 문단별 내용을 요약해 보도록 한다.

③ 질문의 내용에 맞게 답을 작성해 보도록 한다.

④ 과제를 잘 수행하는 학생과 그렇지 못한 학생이 누구인지 살펴본다. 수행을 잘 하지 못하거나 이해하지 못한 학생들은 교사가 직접 가서 함께 활동을 하여 이해하도록 돕는다.

⑤ 문단별로 중심내용을 정리하는 것과 그렇지 않았을 때를 비교하면서 어느 때가 전체 내용을 이해하는데 도움이 되는지 물어본다. 글을 읽을 때 문단별로 나누어서 집중해서 읽고, 문단별로 내용을 요약해서 연결하면 글 전체 내용이 훨씬 이해가 잘 된다는 것을 설명한다.

모듈 4.2
집중해서 읽은 내용 정리하기

 활동 1 아래 글을 문단을 나누어 읽고, 문단별로 중심내용을 정리해 보세요. 그리고 난 후 질문에 알맞은 답을 써 보세요.

반기문 이야기

국제연합기구(UN)는 세계평화를 유지하기 위한 국제기구로, 193개의 회원국이 있는 범세계적인 기구이다. 한국인 최초로 UN 사무총장이 된 반기문은 어릴 적 어려운 가정형편 속에서 성장했지만, 끊임없이 노력함으로써 어려운 환경을 극복하였다.

> 반기문 사무총장은 어려운 가정형편 속에서도, 끊임없이 노력하여 어려운 환경을 극복한 소년이다.

첫째, 어려운 환경 속에서도 꿈을 향해 최선을 다하는 태도를 가지고 노력했다. 장남인 반기문은 집안 살림이 어려워지면서 공부만 할 수 없게 되었다. 다른 일을 하면서도 공부를 게을리하지 않았고 외교관이라는 목표를 향해 꾸준히 노력하였다.

> 어려운 환경 속에서도 꿈을 향해 최선을 다하는 태도를 가지려고 노력했다.

둘째, 꿈에 대해서 당당히 말하였다. 반기문은 학창시절에 영어경시대회에서 우수한 성적을 얻어 미국에 연수를 갔다. 케네디 대통령이 반기문에게 장래희망이 무엇이냐고 물었을 때, 반기문은 망설임 없이 "외교관입니다." 라고 씩씩하게 대답했다. 반기문은 그 대답을 하는 순간 꿈이 더 선명하고 명확하게 그려지는 기분이 들었다.

> 꿈에 대해서 당당히 말하였다.

셋째, 자기 자신과 선의의 경쟁을 하였다. 반기문은 다른 것에는 욕심이 없었지만, 공부를 하는데 있어서는 '누구보다 잘하겠어. 반드시 누군가를 이기고 말겠어.' 라는 타인과의 경쟁을 하지 않고, '지금 나의 이 수준보다 더 잘하고 싶다.'고 생각하며 자기 자신을 성장시키기 위해 자기 자신과 선의의 경쟁을 끊임없이 하였다.

> 자기 자신과의 선의의 경쟁을 하였다.

넷째, 모든 사람들에게 친절한 태도로 대하고 작은 인연도 소중히 여기려고 노력했다. 반기문은 외교관이 되고 난 후 아주 빠르게 승진하였는데, 시기나 질투보다는 함께 일하는 직장 상사나 직원이든 간에 모두로부터 '반기문이라는 사람이 이런 사람이구나!'라는 존경을 받게 되었다. 반기문은 모든 사람들에게 친절하고 작은 인연에 대해서 소중히 여기고 배려하고 애쓰는 기본적인 삶의 자세를 가졌다.

모든 사람들에게 친절한 태도로 대하고 작은 인연도 소중히 여기려고 노력했다.

이처럼 목표를 세우고 끊임없이 노력하며 훌륭한 성품을 지닌 반기문 사무총장은 자신의 꿈을 이루었을 분만 전 세계적으로 인정받는 위인이 되었다.

목표를 세우고 끊임없이 노력하며 훌륭한 성품을 지닌 반기문 사무총장은 자신의 꿈을 이루었을 분만 전세계적으로 인정받는 위인이 되었다.

(김의식, 2012)

1) 이 글의 제목부분에 빨간색으로 밑줄을 그어 보세요.   반기문 이야기

2) 학창시절 반기문 사무총장의 꿈은 무엇이었나요?   외교관

3) 반기문 사무총장이 사람들의 역할모델이 될 수 있었던 노력들에는 무엇이 있었는지 초록색으로 밑줄을 그어보세요.

4) 반기문 사무총장은 어떤 삶의 자세를 가졌나요? 삶의 자세가 나타나는 내용을 파란색 펜으로 밑줄 그어 보세요.

5) 이 이야기의 중심내용을 적어보세요.

반기문은 어려운 환경 속에서도 목표를 세우고 정직하고 성실하게 노력하며 훌륭한 성품을 지녀 자신의 꿈을 이루었을 뿐만 아니라 세계적으로 인정받는 위인이 되었다.

모듈 4.3

집중해서 보고 들은 내용 정리하기

준비물	주의점	소요시간
수업용 PPT, 학생용 활동지 1, 2, A4용지 1장, '은혜 갚은 꿩' 동영상 파일, 싸인펜, 색연필	동영상 전래동화(은혜 갚은 꿩)를 보고 시각적, 청각적 주의집중력 방법들을 적용하여 실제 교과서와 관련 있는 동화 내용을 분석하는 활동을 통해 지금까지 배운 내용이 학습장면에 전이될 수 있게 연습하도록 한다.	20분

활동내용

■ 집중해서 보고 들은 내용 정리하기 [활동 1], [활동 2]

① 수업용 동영상 파일에 제시된 '은혜 갚은 꿩' 이야기를 보여준다.

② [학생용 활동지 1]을 나누어 준다.

② 이야기의 동영상을 보여준 후 [학생용 활동지 1]에 있는 내용을 완성하도록 한다.

　◦ A4 용지를 나누어 주고 동화 내용을 먼저 생각나는 대로 적어보고, 이후 마인드맵이나 만화, 그림, 도표 등으로 [학생용 활동지 2]에 정리하게 함으로써 노트 필기하는 방법을 익히게 한다.

③ 모둠별 친구들과 함께 [학생용 활동지 1]의 답안을 확인하고, 마지막 항목인 전래동화 내용을 그림이나 여러 가지 방법으로 [학생용 활동지 2]에 정리한 것들을 서로 비교해가며 어떻게 정리했는지 살펴본다.

④ 활동을 하고 난 후 느낀 점을 발표를 시킨다.

모듈 4.3

집중해서 보고 들은 내용 정리하기

활동 1 전래동화를 듣고, 다음 물음에 답하세요.

1) 이 이야기가 나에게 주는 교훈은 무엇인가요?

> 우리 주변에는 도움을 받고도 감사하다는 표현조차 하지 않는 사람들이 많다. 이 동화를 읽고 말 못하는 꿩도 은혜를 갚기 위해 자신의 목숨을 바치는 것을 보고 지금까지 나에게 도움을 주었던 많은 분들의 얼굴을 떠올려 보았다. 그리고 나도 다른 사람을 도울 수 있는 사람이 되기 위해 더 열심히 노력해야겠다고 생각했다.

2) 이 이야기에서 등장인물(동물, 새 포함)은 몇 명인가? 꿩, 남자 구렁이, 여자구렁이, 선비 4명

3) 이 이야기의 소재는? 꿩

4) 이 이야기의 주제는 무엇인가? 보은

활동 2 이 이야기를 읽고 난 후, 생각나는 것을 모두 적어 보세요. 모두 적은 후 이야기 내용을 잘 정리해서 써 보세요. 이야기 내용은 그림이나 만화, 도표, 마인드맵 등으로 정리해도 됩니다.

생각나는대로 적어보기	내 생각 표현하고 정리하기

　　　　　　　　　　　　　　　　　　　　　　　　　── 모듈 4.4

　　　　　　　　　　　　　　　　　　학습 주의집중력 점검하기

준비물	소요시간
학생용 활동지 1	20분

활동내용

■ 학습 주의집중력 점검하기 [활동 1]

① [학생용 활동지 1]을 나누어 준다.

② 체크리스트 문항을 확인하고 자기 스스로 생각하는 점수에 표시하도록 한다. (자기점검)

③ 학습 주의집중력 활동을 한 후 느낀 점을 적어보도록 한다.

④ 짝을 정해 짝과 활동지를 바꿔 짝의 점수는 4점 만점에 몇 점인지 점수를 매겨 주도록 한다.

⑤ 왜 그 점수를 매겼는지 짝과 이야기를 나누어 보도록 한다.

⑥ 활동 후 느낀 점을 말해보도록 한다. 그리고 오늘 수업시간에 칭찬하고 싶은 점을 서로에게 하나씩 말해보도록 하고 수업을 마무리 한다.

모듈 4.4

학습 주의집중력 점검하기

활동 1 그동안 배웠던 내용을 점검해 볼까요?

연번	질문	전혀 아니다 1	아니다 2	그렇다 3	매우 그렇다 4	친구 점수 /4
1	수업에서 어떻게 집중력관리를 할지 잘 이해했나요?	1	2	3	4	/4
2	공부할 때, 시각·청각적 주의집중력 관리를 어떻게 할지 잘 알게 되었나요?	1	2	3	4	/4
3	공부 후, 공부한 내용을 정리하는 여러 가지 방법을 알게 되었나요?	1	2	3	4	/4
4	앞으로 실제 수업에 집중력 관리방법을 사용해 수업을 집중해서 열심히 들을 자신이 생겼나요?	1	2	3	4	/4
5	학습장면에서 주의집중력을 향상시키는 방법에는 무엇이 있나요? ① ② ③ ④	맞은 개수	(/4개)			
칭찬하기	친구가 칭찬하기	나에게 칭찬하기				

참고문헌

교육부(2014). 초등학교 4학년 1학기 읽기.
교육부(2013). 초등학교 5학년 과학.
교육부(2013). 초등학교 6학년 국어.
교육부(2009). 초등학교 5학년 1학기 읽기.
김동일, 신을진, 이명경, 김형수 공저(2011). 학습상담. 서울: 학지사.
김소영, 서봉금, 김정섭(2014). 목표설정 중심의 시간관리 프로그램이 중학생의 진로 자기효능감에 미치는 효과. 사고개발, 2014,10(2), 31−47.
김소영, 최지만, 김정섭(2013). 학습컨설팅 프로그램이 초등학교 학습부진아의 주의집중력에 미치는 효과. 사고개발, 2013, 9(3), 43−61.
김영채(2005). 생각하는 독서. 서울: 박영사.
김영채(2011). 독서이해와 글쓰기. 서울: 교육과학사.
김의식(2012). 바보처럼 공부하고 천재처럼 꿈꿔라. 서울:명진출판.
김정섭(2009). 학습컨설팅의 중요성과 학습 컨설턴트의 역할. 학교심리와 학습컨설팅, 1(1), 19−33.
김정섭(2012). 교수학습센터를 위한 학습컨설팅. 교육심리연구, 26(4), 837−851.
김지영(2013). 자기조절학습프로그램이 초등 학습부진아의 학습동기와 학습전략에 미치는 영향. 부산대학교 대학원 석사학위 논문.
김지영, 김정섭(2014). 학교기반 학습컨설팅 프로그램이 초등학생의 학습전략에 미치는 효과. 학습자중심교과교육학회지, 14(6), 169−192.
김현영, 정영선(2010). 청소년을 위한 학습상담. 서울: 시그마프레스.
노지영(2011). 어린이를 위한 시간관리의 기술. 경기도: 위즈덤하우스.
박수홍, 안영식, 정주영(2010). 체계적 액션러닝. 서울: 학지사.
박은교(2011). 세계 1등 위인들이 들려주는 아주 특별한 시간관리 습관. 경기도: 니케북스.
사이언 베일락(2011). 부동의 심리학(박선령 역). 경기도: 21세기북스.
소년한국일보(2102). "꽃·풀잎 우산 속으로⋯ 곤충들의 폭우 피하는 요령". 7월 29일.
신현숙(2005). 독서교육. 서울: 홍진P&M.
어린이동아(2012). "지구촌 '탄소 없애기' 대작전". 3월 12일.
어린이 동아(2012). "뜨거워진 한반도, '경북포도' 옛말". 8월 14일.
어린이 동아(2012). "확대되는 녹조현상". 8월 9일.
윤채영(2011). 전문가 모형의 학교기반 학습컨설팅 적용이 학습전략에 미치는 효과. 교육심리연구, 25(3), 545−567.
윤채영, 김정섭(2015). 학교기반 학습컨설팅 모형개발. 한국교육, 42(1), 107−135.
윤채영, 김정섭(2010). 예방적 학습컨설팅이 전환기 중학생의 학업동기에 미치는 영향. 중등교육연구, 58(3), 381−408.
윤채영, 황두경, 김정섭(2012). 초등 학습부진아와 일반아의 학업동기와 학습전략 특성 비교. 사고개발, 8(2), 125−149.
윤현주, 윤소영, 김정섭(2009). 주의집중전략 훈련이 초등학생의 학습태도와 학업성취도에 미치는 영향. 학교심리와 학습컨설팅, 1(1), 67−78.
이채윤(2006). 컴퓨터 병을 고치는 의사 안철수. 서울: 보물섬.
이화진, 임혜숙, 김선, 송현정, 홍순식, 조난심(1999). 초등학교 학습부진아용 교수−학습자료 개발: 학습동기 전략 프로그램
    (CRC 1999−2). 서울: 한국교육과정평가원.
전도근(2012). 공부의 달인이 되는 기억력과 암기력 향상 전략(교사용 지도서). 서울: 학지사.
전도근(2011). 공부의 달인이 되는 기억력과 암기력 향상 전략(학생용 워크북). 서울: 학지사.
전도근(2010). 자기주도적 학습전략 시리즈 2: 공부의 달인이 되는 주의 집중력 향상 전략 교사용 지도서. 서울: 학지사.
정미선, 정세영(2012). 영재학생과 일반학생의 학습양식 비교. 영재교육연구, 2012, 22(2), 39−59.
정세영, 김정섭(2013). 전환기 중학생의 학습동기와 학습전략의 관계. 사고개발, 2013, 9(1), 161−176.
천경록, 이경화 역(2003). 독서지도론, 서울: 박이정.
최동선, 정향진, 이민욱, 문한나, 추연우, 현지훈(2014). 국가직무능력표준(NCS)학습모듈 활용방안 연구. 서울: 한국직업능력개발원.
최정원, 이영호(2006). 시험불안 다루기 전략 및 시험전략. 서울: 학지사.
표시정(2007). 은혜갚은 꿩. 서울: 씽크하우스.
한국콘텐츠진흥원(2005). "산사의 소리, 은혜 갚은 꿩". http://www.culturecontent.com (2015.8.20. 방문).
호아킴 데 포사다(2009). 마시멜로 이야기. 서울: 한국경제신문사.
황경렬(1997). 행동적, 인지적, 인지−행동 혼합적 시험불안 감소훈련의 효과비교. 한국심리학회지: 상담과 심리치료, 9(1), 57−80.
황두경, 김정섭(2014). 초등학교 학습부진학생의 시간관리능력과 학업적 자기효능감에 대한 시간관리 학습전략 프로그램의 효
    과. 사고개발, 10(4), 39−57.
Bobb Biehl, B., & Paul Swets. (2012). 꿈을 향한 31일간의 여행(박영인 역). 경기도: 큰나무(원저 2007에 출판).
Carolyn, C. (2012). 학습부진아 지도를 위한 220가지 전략 학습코칭(정종진 역.). 서울: 시그마 프레스(원저 2001 출판).
Finch, C. R., & Crunkilton, J. R.(1999). Curriculum development in vocational and technical education. planning, content,
    and implementation, MA : Allyn and Bacon.
Stephen R. Covey., A. Roser Merrill., & Rebecca R. Merrill. (1997). 소중한 것을 먼저 하라(김경섭 역). 서울: 박영사(원저 1994
    에 출판).

 **공저자약력**

김정섭(KIM JungSub)
창의성교육, 비판적사고, 칭찬프로그램개발에 관심을 가지고 연구를 하였고, 최근에는 학습컨설팅을 토대로 한 학교심리학에 많은 관심을 가지고 있다. 현재 부산대학교 교육학과 교수로 근무하고 있다.

✉ creativejin@pusan.ac.kr

강명숙(KANG MyungSuk)
인지, 정서, 행동문제로 어려움을 겪고 있는 학생들의 적응을 위한 학습컨설팅 및 창의력교육에 관심을 가지고 연구하고 있다. 현재 한국학습컨설팅센터장으로 근무하고 있다.

✉ kangms386@hanmail.net

윤채영(YOON ChaeYoung)
학습컨설팅, 학습부진, 학습전략, 학습몰입, 학업중단, 학사경고 등에 관심을 가지고 연구하고 있다. 현재 신라대학교 교육혁신본부 교수로 근무하고 있다.

✉ chaeyoungy@hanmail.net

정세영(JUNG SeYoung)
창의력과 글 이해에 대하여 관심을 가지고 연구하였고, 최근 학습컨설팅과 창의적 학습에 많은 관심을 가지고 있다. 현재 계명대학교 교수학습개발센터 교수로 근무하고 있다.

✉ 308580@hanmail.net

김지영(KIM JiYoung)
학습부진, 학습동기 및 학습전략에 관심을 가지고 연구하였으며, 최근 대학생의 진로/학습컨설팅과 수업참여에 많은 관심을 가지고 있다. 현재 경남대학교 대학혁신지원사업단 교수로 근무하고 있다.

✉ chinkuya@hanmail.net

김소영(KIM SoYeong)
진로상담, 학습자 심리정서조절, 학습부진아 학습컨설팅, 진로학습컨설팅에 관심을 가지고 연구하고 있다. 현재 영산대학교 교수학습개발원 교수로 근무하고 있다.

✉ donald9328@gmail.com

황두경(HWANG DuGyeong)
학습부진 및 시간관리에 관심을 가지고 연구를 하였고, 최근에는 대학생의 학습역량 강화 프로그램 개발에 많은 관심을 가지고 있다. 현재 동의대학교 교수학습개발센터 교수로 근무하고 있다.

✉ hdk1225@deu.ac.kr

학습컨설팅 프로그램 시리즈

 ## 학습전략 프로그램

: 학습컨설턴트, 교사 등 전문가들을 위한 학습전략 프로그램 사용 안내서

- ◦ 학습전략 프로그램 1 : 시간관리
- ◦ 학습전략 프로그램 2 : 집중전략
- ◦ 학습전략 프로그램 3 : 기억전략
- ◦ 학습전략 프로그램 4 : 읽기전략
- ◦ 학습전략 프로그램 5 : 시험관리

 ## 학습전략 프로그램 워크북

: 프로그램에 따른 학습전략 사용능력 향상을 위한 실전용 학생 개별 활동지

- ◦ 학습전략 프로그램 워크북 1 : 시간관리
- ◦ 학습전략 프로그램 워크북 2 : 집중전략
- ◦ 학습전략 프로그램 워크북 3 : 기억전략
- ◦ 학습전략 프로그램 워크북 4 : 읽기전략
- ◦ 학습전략 프로그램 워크북 5 : 시험관리

학습컨설팅 시리즈

학습전략 프로그램 02 집중전략

초판발행	2020년 3월 4일
공저자	김정섭·강명숙·윤채영·정세영·김지영·김소영·황두경
펴낸이	노 현
편 집	조보나
기획/마케팅	이선경
표지디자인	조아라
제 작	우인도·고철민
펴낸곳	㈜ 피와이메이트
	서울특별시 금천구 가산디지털2로 53 한라시그마밸리 210호(가산동)
	등록 2014. 2. 12. 제2018-000080호
전 화	02)733-6771
f a x	02)736-4818
e-mail	pys@pybook.co.kr
homepage	www.pybook.co.kr
ISBN	979-11-6519-001-9 94370
	979-11-6519-010-1 94370(세트)

정 가	13,000원

박영스토리는 박영사와 함께하는 브랜드입니다.